서른,
이젠 나답게 살아볼게요

서른, 이젠 나답게 살아볼게요

소보성 지음

두드림미디어

프롤로그

나다움을 찾는 것에서 시작이다

어린 시절의 나는 소위 말 잘 듣는 학생이었다. 어른들이 하라는 거 하고, 하지 말라는 건 잘 안 했다. 자신 내면의 목소리보다는 남들 목소리에 더 귀 기울였고, 쉽게 분위기에 휩쓸려서 판단하곤 했다. 중학교 때 특목고 입시 열풍이 불었다. 좋은 고등학교에 가면 좋은 대학에 갈 수 있다는 주변의 말만 듣고 열심히 준비하여 운이 좋게 외국어고등학교에 입학했다. 하지만 외국어고등학교 입학이 첫 인생 암흑기의 시작이었고, 훗날 중학교 친구 중에선 내가 가장 가방끈이 짧기도 했다.

주입식 교육에 익숙해져서였을까? 어느새 나는 각자의 고유영역인 '꿈'마저 주입받고 있었다. 대학입시를 준비할 때, 나에게 어른들은 안정적인 직장이 좋다고 누차 강조했었다. 대기업 입사보다 차라리 초등교사가 안정적이고 오래 다닐 수 있다면서 말이다. 듣고 보니 어른 말씀이 틀린 것도 아니었다. 그래서 고등학생 때 내 꿈은 초등학교 교사였다. 하지만 원하는 결과를 얻지 못하고 컴퓨터학과에 입학했다.

어쩔 수 없이 수능성적에 맞춰 입학한 학과에서 나는 '전공이 내 적성에 안 맞는 것 아닌가?'라는 의문이 들기 시작했다. 내가 하고 싶은 공부보다 어쩔 수 없이 해야 하는 공부를 했기 때문이다. 이때도 나는 내면의 목소리보다는 주변의 목소리에 집중했다. 컴퓨터학과 졸업보다 전문직이 좋다는 달콤한 말들이 나를 사로잡았다.

듣고 보니 전부 맞는 말이었다. 전문직이라는 안정감이 나에게 큰 장점으로 다가왔다. 그때부터 나는 약사의 꿈을 갖기 시작했다. 인간의 욕심은 끝이 없고 같은 실수를 반복한다고 했던가. 나는 대학입시 준비할 때와 같은 실수를 반복하고 있었다. 결국, 나는 약대 편입에 실패하였고 2년이란 세월을 허비했다. 약대 편입에 실패하고 늦은 나이에 학교로 복학한 나는 무스펙에 자존감도 바닥을 기었다.

꿈을 향한 모든 과정에서 정작 나다운 꿈은 존재하지 않았다. 본래 꿈을 갖게 되면 설레야 하는데 나는 뭔가 형식적인 꿈으로 생활하는 기분이었다. 마치 누군가 내 꿈을 물었을 때 대답해야만 하는 답 같은 느낌이랄까. 남들이 제시한 기준에 맞추려고 달려가다 보니 나는 20대 청춘을 공부만 하며 보냈다.

주체적인 꿈을 갖지 않고 행동한 여러 실패를 통해 조금씩 '나다운 꿈'이 무엇일지 고민하기 시작했다. 하지만 여전히 명확한 나만의 꿈이 뭔지 정의 내리지 못했다. 그러던 도중 운 좋게 취직에 성공했고 사회생활을 시작했다. 하지만 내 가슴을 뛰게 하는 꿈은 회사 안에 있지 않았다. 그러다 용기를 내서 유튜브 채널을 만들었다. 내 경험을 토대로 사람들에게 메시지를 전달하기 시작했고 이를 기점으로 내 꿈이 강연가라는 것을 구체화할 수 있었다.

현재는 강연가가 되기 위해 일반인으로서 책을 썼고, 대중들 앞에 나를 드러내는 도전을 하고 있다. 돌이켜보면 나의 30대까지는 방황과 좌절의 연속이었다. 그렇지만 포기하지 않고 깨달음을 통해 나아가면서 나다운 꿈을 찾을 수 있었다. 이 책을 통하여 오늘도 방황하고 있을 청춘들이 포기하지 않고 자신만의 꿈을 찾길 바랍니다.

책을 출간하기까지 주변의 많은 도움이 있었습니다. 우선 강연가가 되기 위해 '성공해서 책을 쓰는 게 아니라 책을 써서 성공한다'라는 깨달음을 주신 〈한책협(한국책쓰기강사양성협회)〉 김태광 대표님께 큰 감사드립니다. 저와 유사한 꿈을 갖고 작가가 되어 강연가의 꿈을 이루신, 저의 실질적인 롤모델이신 '위닝북스' 권동희 대표님께도 감사드립니다. 또한, 이 책이 세상에 나올 수 있게 도움을 주신 ㈜두드림미디어 한성주 사장님과 이수미 실장님께 감사의 마음을 전합니다.

마지막으로 세상에서 가장 존경하는 아빠, 사랑하는 엄마. 저의 모든 것을 믿어주고 언제나 큰 힘을 주셨던 만큼 이렇게 용기 내며 살고 있습니다. 두 분의 끝없는 헌신과 사랑에 한없는 감사를 전합니다. 그리고 현실 남매가 아닌 친구처럼 희로애락을 함께해주는 여동생에게도 감사를 표합니다.

소보성

CONTENTS

1장

살아보니
꿈이 너무 중요하다는 걸
깨달았다

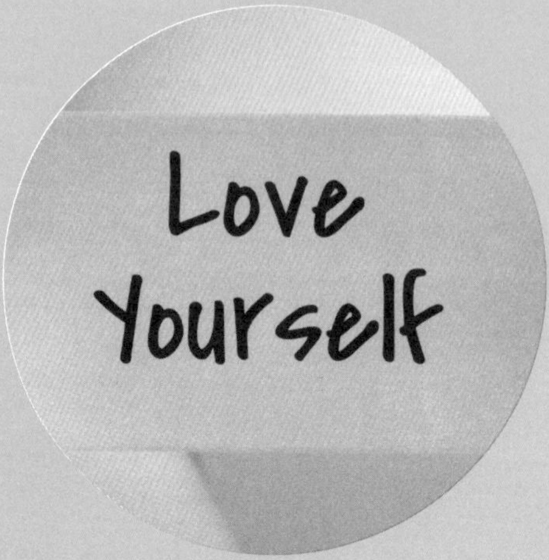
Love
Yourself

지금 내가 죽을 만큼
불안하고 우울한 이유

'대학입시 수험생 가운데 자신이 가고 싶은 학과에 합격한 학생이 얼마나 될까?'

많은 대입 수험생이 수능성적에 맞춰 대학과 학과를 정하곤 한다. 나도 수능성적에 맞춰 컴퓨터학과에 입학한 수험생이었다. 그렇다고 대입을 준비할 당시에 나만의 목표가 없었던 건 아니다. 나는 처음에 초등교사를 목표로 교대 진학을 꿈꿨다. 꿈을 이루려고 열심히 공부했고, 수시전형에 합격했다. 수능 최저 등급만 충족하면 합격할 수도 있는 상황이었다. 끝내 원하는 결과를 얻지는 못했지만 말이다.

어쩔 수없이 나는 수능성적에 맞춰 컴퓨터학과에 원서를 넣었고, 합격했다. 대학교에 입학한 처음 한 달은 너무나 좋았다. 공부만 해야 했던 고등학교 때와 비교하면 자유인이 된 것 같았다. 또한, 고등학생 때는 할 수 없었던 다양한 경험을 할 수 있으리란 기대감이 넘쳐났다. 그러나 그런 기대감도 잠시, 전공 수업을 들으면서 점차 불안해지기 시작했다.

컴퓨터학과를 다니면 코딩이 일상이 된다. 코딩은 프로그램 언어로 프로그램을 만드는 행위를 의미한다. 코딩에 필요한 기본적인 기술을 익히면, 그 기술을 응용해 프로그램들을 만들기 시작한다. 나는 그런 코딩이 익숙지 않았다.

코딩이 필요한 과제, 프로젝트를 할 때면 나는 늘 가슴이 답답했다. 매주 교수님이 내주시는 과제를 하기 위해 숨 막히는 일주일을 보내야만 했다. 나는 친구의 코드를 베끼거나 같은 조원의 힘을 빌려 과제를 제출하곤 했다. 이런 생활이 반복되다 보니 '전공이 내 적성에 안 맞는 것 아닌가?'라는 의문이 들기 시작했다.

내 대학 생활이 불안하고 무미건조했던 이유는 명확하다. 내가 하고 싶은 공부보다 어쩔 수 없이 해야 하는 공부를 했기 때문이다. 돌이켜보면, 나는 고등학생 때 나보다 남들의 꿈을 목표로 삼아 공부했었던 것 같다. 만약 고등학생 시절에 내가 정말 가고 싶은 학과가 있었고, 그 학과에 진학했더라면 이렇게까지 불안했을까? 아니라고 확신한다. 나다운 꿈이 없었기 때문에 내 대학 생활이 불안했다고 할 수 있다.

군대를 제대한 나는 다시 학교에 복학했다. 하지만 학과 생활에서 비롯되는 불안함은 여전했다. 그러던 어느 날, 어머니께서 약사가 될 수 있는 약대 편입시험(PEET)이 있다며 내게 준비해보라고 권유하셨다. 학과 생활에 불안감을 느끼고 있던 나는 기쁜 마음으로 그 권유를 받아들였다.

당시엔 컴퓨터학과를 벗어나 다른 탈출구를 이미 찾은 것처럼 너무 기뻤다. 그렇게 대학교 2학년 2학기 때 휴학 신청을 하고 바로 약대 편입을 준비하게 됐다. 하지만 그땐 몰랐다. 이 준비 과정이 미래에 대한 더 큰 불안을 초래하리라는 것을.

약대 편입 준비 과정은 만만치 않았다. 약대 편입시험을 준비하기 위해서는 물리, 화학, 생물, 유기화학을 공부해야 했다. 시험과목 자체가 어렵다 보니, 나처럼 고등학교 과학만 배운 사람에겐 이 시험이 힘겹게 느껴질 수밖에 없었다.

나는 이 시험을 준비하는 사람이 어떤 사람들인지 주변을 살펴봤다. 카이스트, 서울대 출신부터 서울 상위권 대학교 생물학과, 화학과 출신들이 많았다. 게다가 어떤 사람은 과학고 출신이라 어릴 때부터 과학을 심도 있게 공부했단다. 만만치 않은 수험생활을 예상케 하는 면면들이었다.

2년 동안 준비한 약대 편입은 결국 실패로 돌아갔고, 나는 다시 다니던 학교에 복학할 수밖에 없었다. 그때 내 나이가 스물일곱 살이었다. 힘들게만 여겨지던 학과 생활을 다시 시작하면서 나는 컴퓨터전공을 살려 취업문을 뚫으리라 다짐도 해봤다.

하지만 2년 동안의 공백 기간이 문제였다. 내겐 취업과 관련된 스펙이랄 게 없었다. 그동안 동기들은 취업을 위한 스펙을 쌓거나 자격증을 준비했고, 하나둘 취업에 성공해 학교를 떠났다. 이런 현실이 두렵기까지 했다. '어쩌다 내가 이렇게 된 걸까?', '너무 늦어버린 건 아닐까?' 하는 불안감이 또다시 엄습해왔다. 밤잠을 설치기 시작했고, 지난날들을 회상하며 우울한 날이 많아졌다. 그렇게 웃음을 잃어버린 대학 생활이 이어졌다.

복학하고서 내가 불안해했던 이유는 갑자기 바뀌어 버린 목표 때문이다. 약대 편입을 준비할 당시 나는 내 꿈이 약사라고 굳게 믿었다. 그 꿈은 내게 약대 편입시험을 준비할 명분을 줬고, 그래야 그 과정을 견뎌낼 수 있을 테니.

하지만 이는 나만의 착각이었다. 복학해 보니 약사의 꿈이 사라진 대신 취업이라는 다른 목표가 나를 기다리고 있었다. 만약 내 꿈이 원래부터 약사였다면, 복학해서도 불안하진 않았을 것이다.

사회생활을 하다 보면 상사에게 빠르게 피드백해주고 업무 공백이 생기지 않게 노력해야 하는 등 긴장된 하루하루를 보내게 된다. 그뿐만 아니라 자신의 이미지 메이킹도 잘해야 하고, 때때로 회식에 참여해 상사들과의 관계도 잘 유지해야 한다.

앞서 언급한 것 중에 작은 흠결이 있게 되면, 주변 동료들로부터 잔소리를 듣게 된다. 그런 만큼 사회초년생이라면 누구나 직장에서 한 번쯤 살얼음판을 걷는 것 같은 기분을 느끼리라. 나는 직장생활을 하면서 업무와 잦은 회식으로 인한 불안감을 느꼈던 적이 있다.

월 중순, 날씨가 무더워질 때쯤이었다. 월요일 퇴근 시간쯤에 팀장이 갑작스럽게 회식을 잡았다. 그날따라 팀원들은 순식간에 많은 술을 마셨다. 술에 약했던 나는 술을 마시던 중 의식을 잃고 쓰러졌다. 그것도 홍대 한복판에 있는 보쌈집에서 말이다.

당시 나는 몸도 제대로 못 가누고 눈에는 초점도 없었으며, 입에서는 게거품까지 뿜어져 나왔다고 한다. 구급차로 이동하는 중에 구급대원은 의식 여부를 확인하기 위해 내 몸을 세게 꼬집었단다. 그런데도 나는 아무런 통증을 느끼지 못했다. 시간이 지나 정신을 차려 보니 MRI실에서 CT

를 찍고 있었다.

내가 중환자실에 도착할 때까지 정말 많은 일이 있었다. 내 팀원들은 이런 상황을 알리기 위해 우리 가족에게 연락을 취했다. 그러나 엄마는 운동 중이었고, 동생의 휴대전화는 꺼져 있어서 연락이 안 됐다. 유일하게 지방 출장 중인 아빠와만 연락이 닿았다.

아빠는 의식을 잃고 쓰러졌다는 아들이 걱정스러워 손을 떨면서 전화를 받았다고 했다. 다급한 마음에 아빠는 수도권에 있는 내 매형에게 전화를 걸어 내가 있는 병원으로 가달라고 요청했다고 한다. 매형은 바쁜 와중에도 내가 있는 병원에 찾아왔다. 후에 그 과정을 전해 들으면서 평소 무뚝뚝하기만 한 아빠가 나를 얼마나 사랑하는지 가슴 깊이 느낄 수 있었다.

이런 일련의 과정을 겪고 나니, 회사생활이 만만치 않다는 깨달음(?)이 마음 깊이 새겨졌다. 응급실에 실려 간 내 사례가 있음에도 일주일에 한 번씩 돌아오는 회식은 기본이었고, 야근도 심심치 않게 해야 했다. 이런 현실에 치이며 '나는 무엇을 위해 사는 건가?'라는 회의가 들기 시작했다.

평범한 직장인들은 회사생활을 하다 보면, 꿈을 망각하고 지내게 된다. 업무를 보느라 정신이 없기 때문이다. 대부분 꿈보다는 하루하루 먹고사는 일이 더 급하기 때문이다. 나 또한 매달 나오는 월급에 목매며 직장을 다니고 있었다.

만약 내가 직장 내에서 이루고 싶은 꿈이 있었다면, 하루하루가 즐겁지 않았을까? 나다운 꿈 하나 없이 좀비처럼 직장을 다니고 있었을 뿐이다. 조그마한 자극에도 늘 불안을 느끼면서 말이다.

20~30대 청춘들이 불안하고 힘든 이유는 한 치 앞을 내다볼 수 없는 미래 때문이다. 대학생 때는 자신의 진로에 대한 고민을 시작하고, 취직했다 해도 이 길이 나와 맞는지 끊임없이 고민한다. 확실하지 않은 것은 모두 두려우니까.

그러나 꿈이 명확한 사람들은 자신이 처한 환경이 어떻든 불안해하지 않는다. 이는 명확한 꿈이 동기부여가 되어주기 때문이다. 하지만 명확하지 않은 꿈을 가진 사람은 아무리 좋은 환경에 놓여 있다고 해도 불안감과 우울함을 느낀다. 우리는 스스로 알고 있다. 지금 우리가 불안하고 우울한 이유는 꿈이 명확하지 않아서라는 사실을 말이다.

늦었다고 생각할 때가
정말 늦은 거라면?

약대 편입에 실패한 뒤, 나는 한동안 취업을 할 수 있을지에 대한 걱정이 많았다. 동기들은 하나둘 취업에 성공하는데 나만 제자리걸음인 기분이었기 때문이다. 전공 관련 스펙이라도 쌓으려 노력했지만, 부족한 코딩 실력으로 프로젝트를 할 자신이 없었다. 걱정이 걱정을 낳는 악순환의 반복이었다. 하지만 걱정만 해서는 아무것도 나아지지 않았다. 그래서 현실을 외면하기보다 정면으로 부딪쳐보자고 생각을 바꿨다.

'상황이 이렇게 된 거 지푸라기라도 잡는 심정으로 뭐라도 해보자.'

그렇게 마음먹은 후, 나는 학교 커뮤니티와 취업 커뮤니티 카페를 유심히 살피기 시작했다. 컴퓨터 전공과 상관없이 공모전 팀원을 모집한다는 글이 올라오면 무조건 게시글을 올린 당사자에게 연락했다. 부단한 노력 끝에 나는 LG Global Challenger라는 공모전을 준비할 수 있었다.

LG Global Challenger는 자유주제로 직접 해외탐방 계획을 기획하는 공모전이다. 많은 대학생들이 이 공모전에 입상해 해외탐방을 하고 싶어 한다. 물론 내게 이 공모전은 전공과는 상관없는 대외활동이었다. 그래도 취업에 도움이 될 수 있다면 뭐라도 해야 했다.

팀원들과 여러 토의 끝에 '담배꽁초 재활용'이란 주제로 공모전을 준비했다. 담배꽁초로 플라스틱을 만들고 지자체와 협업해 좋은 변화를 보여준 해외사례를 봤다. 이에 착안해 한국에서의 담배꽁초 재활용 프로젝트를 기획했다.

팀원들이 함께 프로젝트의 큰 그림을 구상하기 시작했다. 팀원들은 담배꽁초와 관련된 여러 정보를 얻기 위해 다양한 분야 전문가들과 접촉했다. 서울대학교 나노공정학과 교수님, 국내 1세대 재활용 회사의 한 팀장님, 도·구청의 자원순환과 주무관님 등등. 마침내 한국에서도 담배꽁초를 재활용할 수 있다는 가능성을 봤고, 무사히 프로젝트 보고서를 제출할 수 있었다. 물론 공모전 당선에는 실패했다. 하지만 담배꽁초 재활용이란 주제로 다방면의 기획을 할 수 있었던 좋은 경험이었다.

사실 LG Global Challenger를 하면서의 경험이 취업에 전혀 도움이 안 될 줄 알았다. 하지만 인생사 새옹지마라고 하지 않았던가? 회사에 지원할 때 자기소개서 문항 중에는 공모전 경험을 쓸만한 다양한 문항들이 있었다. 도전과 관련된 문항, 실패했지만 성취감을 느낀 경험 문항, 창의력을 발휘했던 문항 등. 공모전 경험은 자기소개서 작성 시 요긴하게 써먹을 수 있었다. 운 좋게도 나는 10개 회사에 지원하기도 전에 탄탄한 중견 건설회사에 합격할 수 있었다. 늦었다고 생각할 때 가능성의 끈을 부여잡은 덕에 나는 금방 취직할 수 있었다.

대학생들 사이에서 나이 많은 고학번 선배를 일컬어 '화석', '암모나이트'라 한다. 대학교 1학년일 때 나는 3~4학번 높은 선배들이 아저씨 같다고 느껴졌다. 그러나 이제는 내가 그러한 나이가 되어 학교에 다녔다. 스물 일곱 살에 다시 학교로 복학했을 때 너무 부끄러웠다. 당시엔 또래보다 3~4살 많은 게 창피했던 것 같다. 그러나 스스로 나이가 많다 생각해 위축하기만 했다면, 난 일찍 취업하지 못했을 것이다. 늦었다고 생각하기보다 '뭐라도 해봐야지'라고 다짐했기에 원하는 목표를 얻을 수 있었다.

첫 직장에 취직하기 전 면접 볼 때 일이다. 내게 면접 볼 기회가 주어져서 기쁘기도 했지만, 한편으로 걱정도 됐다. 취업하기 위해 준비한 스펙이랄 것도 없는데 나이도 많다고 느껴져 면접에서 불리할 거로 생각했다. 그나마 내가 내세울 수 있는 건 그동안 시행착오를 겪으며 깨달은 점들과 진정성 있는 얘기뿐이었다. 나는 걱정을 안은 채, 면접 장소로 향했다.

총 5명의 면접자가 다 같이 면접관들에게 인사드리고 자기소개를 시작했다. 다른 면접자들은 각자 화려한 스펙을 갖고 있었다. 어떤 사람은 이전 회사 경력을 장황히 설명했고, 어떤 사람은 40장 정도 되는 포트폴리오를 출력해서 면접관들에게 보여주기도 했다. 그런 모습을 보니 점점 자신감이 떨어졌다. 한 사람 한 사람 개별 질문을 하다가 드디어 내 순서가 왔다. 훗날 내 차장님이신 면접관이 내게 질문했다.

"이력서 보니까 보성 씨는 약대 편입공부를 하셨네요. 왜 하셨어요?"

내 가슴을 파고드는 질문이었다. 변명할 수 있었지만, 솔직하게 답했다.

"전문직이라는 장점 때문이었습니다."

다른 면접관이 연이어 질문했다.

"그러면, 계속 공부하시지 그러셨어요?"

이 질문에 나는 그동안 공부하면서 느꼈던 점을 고스란히 말씀드렸다.

"저는 성실함만 있으면 무엇이든 될 수 있을 거로 생각했습니다. 하지만 성실함만으로 모든 일을 잘할 수 없음을 깨달았습니다. 그러면서 내가 잘할 수 있는 것을 생각하는 과정 속에 성실함이 깃들여야 일도 잘될 수 있음을 알았습니다. 또한, 약대 편입은 제가 중심이 아닌 주변 사람들이 중심이 된 진로 선택이었습니다."

이 대답 후로 면접관들의 질문은 종료됐다. 그리고 사흘 뒤, 나는 최종 합격 통보를 받을 수 있었다.

편입과 공무원 준비 등에 실패하고 취업 준비하는 사람들이 자주 하는 실수가 있다. 바로 본인이 공부했던 공백기를 속인다는 사실이다. 하지만 그것은 좋은 방법이 아닐뿐더러 면접관들도 대충 그 사실을 안다. 차라리 솔직한 본인의 생각을 드러내는 것이 낫다.

전공과 관련된 어떤 스펙도 없던 내가 면접에 합격할 수 있었던 이유는 면접에서 내 진실한 모습을 보여줬기 때문이다. 그런 모습이 면접관들 눈에 띄어 합격할 수 있었다고 생각한다. 늦었다고 생각해서 공백기를 속이고 면접에 임했으면 내 취준생활은 조금 더 길어졌을지도 모른다. 하지만 늦었다고 생각했을 때, 주저하지 않고 진정성을 담아 면접에 임했다. 그 덕분에 좋은 결과도 얻을 수 있었다.

범죄도시 독사파, 오징어게임 장덕수, 카지노 서태석. 앞서 나열한 드라마 배역을 모르는 사람은 드물 것이다. 바로 영화배우 허성태다. 허성태 배우가 연기자가 되기까지의 과정은 한 편의 드라마와 같다.

그는 LG전자의 해외영업부서에서 러시아와 동부 유럽 시장의 TV 영업을 담당했었다. 2000년대 당시 그의 연봉은 7,000만 원이었다. 이는 소득 통계상 고소득층에 속했다. 남 부러울 것 없던 그가 서른네 살의 나이로 퇴사를 결심하고 연기자의 길로 들어섰다.

허성태 배우는 중학교 때부터 연기하고 싶었다고 한다. 그러나 연기자는 절대 이루지 못할 꿈이라고 생각했다고 한다. 하지만 항상 마음 한편에 담아두고 있던 그 꿈이 다시 생겨나는 된 계기가 있었다. 바로 SBS 〈기적의 오디션〉 모집공고를 본 것이다. 허성태 배우는 저녁에 술 한잔 하다가 이 프로그램에 지원했다고 한다. 가볍게 첫 오디션을 통과한 그는 최종 5등이란 쾌거를 이뤘고, 그렇게 그의 연기 인생이 시작됐다.

사실 허성태 배우는 회사에 다니는 동안에 퇴사해야겠다는 생각을 해본 적이 없었다고 한다. 당시 그는 과장 진급을 앞둔 상황이었고, 회사를 나오면 세상이 끝날 거로 생각했었단다. 하지만 그는 사회에서 자리가 잡혀갈 나이에 과감히 퇴사했고, 결국 이루고 싶은 꿈을 성취했다. 만약 그가 늦었다 생각하고 과감한 결단을 하지 않았다면, 지금의 배우 허성태는 없었을 것이다.

개그맨 박명수가 우스갯소리로 이런 얘기를 했다. '늦었다고 생각할 때는 너무 늦은 거다'. 물론 웃자고 한 얘기다. 나는 이 얘기를 여러분들이 정말 우스갯소리로만 듣고 흘렸으면 좋겠다. 본인 스스로 늦었다고 생각하면 열려 있던 가능성은 서서히 닫히고 만다. 하지만 스스로 할 수 있다고 믿으면 생각만 해오던 일들이 현실에 펼쳐진다.

늦었다고 생각할 때가 정말 늦은 걸까? 전혀 아니다. 하나도 늦지 않았다. 본인 스스로가 늦었다고 걱정할 뿐이다. 내 경험에 반추했을 때 '시골 의사'라는 별칭으로 유명한 박경철 작가님의 말씀이 정말 공감이 됐다.

"도전하지 않으면 아무 결과도 없다. 지금 사회는 성실이 성공을 100% 보장하지 않는다. 하지만 그 이유만으로 도전해보지도 않고 멈춰 선다면 비겁하다. 성실이 성공을 보장하진 않지만, 확률은 높여주지 않나. 성실과 근면의 가치를 믿고 내 재능을 발휘할 방법을 고민해라."

서른은 전혀
늦은 나이가 아니다

"오이시쿠나레~ 오이시쿠나레~ 모에모에큥."

누가 하는 멘트인지 바로 느낌이 오는가? 나몰라패밀리 채널을 운영하는 유튜버이자, 최근 MZ 세대한테 가장 주목받는 개그맨인 다카나(본명: 김경욱)다. 다나카는 받침 발음을 어려워하는 일본인 억양과 헝클어진 샤기컷이 매력 포인트인 캐릭터다. 그의 일본어 발음을 듣고 있으면 자연스레 웃음이 입가에 번진다. 실제 일본인에게 그의 영상을 보여줬을 때 일본어 발음이 자연스럽다 얘기할 정도였으니 말이다.

처음 그가 개그맨으로 입문하게 된 계기는 개그맨 조세호의 권유 때문이었다. 함께 참가한 SBS 개그 콘테스트에 참여해 대상을 받고 SBS 공채 개그맨이 됐다. 하지만 방송 기회를 얻지 못하고 이리저리 프로그램을 옮겨 다니곤 했다. 그렇게 5년간의 무명 시절을 거친 뒤에야 '나몰라패밀리'라는 유튜브 채널을 운영하기 시작했다.

유튜브에서 그는 다나카, 김홍남, 일론머스크 등 여러 콘셉트를 선보이며 팔색조 매력을 뽐냈다. 지금의 다나카는 김경욱이 서른네 살에 처음 유튜브를 통해 공개했지만, 4년 동안 빛을 보지 못했다. 김경욱은 다나카라는 캐릭터가 충분히 재밌고 흥미롭다고 생각했다. 하지만 사람들은 다나카라는 캐릭터에 큰 관심이 없었다.

다나카에 대한 사람들의 반응이 너무 없어서 김경욱은 하늘을 보며 원망했다고 한다. 그럼에도 그는 다나카라는 캐릭터를 포기하지 않고 꾸준히 대중들에게 선보였다. 그러다 보니 지금의 명성을 얻을 수 있었고, 다나카는 사람들에게 희망의 아이콘이 됐다.

서른다섯 살에 김경욱은 다나카라는 새로운 도전을 한 것이다. 그가 4년을 버티며 다나카 캐릭터를 연기할 수 있었던 것은 스스로에 대한 믿음 때문이었다. 김경욱 역시 사람인지라 본인 콘텐츠를 보고 사람들의 반응이 없을 때 포기하고 싶었다고 한다. 하지만 다나카에 대한 그의 확신이 포기하고 싶은 마음보다 컸던 터라 지금의 명성를 얻을 수 있었다. 다나카가 유명해졌을 때 김경욱의 나이는 서른아홉 살이었다. 서른은 전혀 늦은 나이가 아니다.

약대 편입을 준비하며 기억에 남는 몇몇 사람들이 있다. 과학적 재능을 타고난 친구, 쉬는 시간에 자는 척하면서 복습하는 친구, 학원 내 모든 가십거리를 꿰고 있던 친구 등. 그중 가장 기억에 남는 사람은 서른일곱의 나이로 직장을 나와 약대 편입에 성공했던 형이다.

어떤 시험이든 종합반을 다니다 보면, 같은 반 사람들끼리 어울리고 밥도 같이 먹게 된다. 나는 같은 반 친구들과 밥을 먹다가 우연히 이 형을 알게 됐다. 유쾌한 성격을 지녔던 형은 유머 감각도 있고 사람을 편하게 할 줄 아는 사람이었다. 나와 열 살 이상 차이 났음에도 나는 그 형이 친근하게 느껴졌었다.

하루는 내가 그 형에게 물었다.

"형은 어떻게 하다가 약대 편입을 준비하게 됐어요?"

형이 대답했다.

"삼성전자에서의 회사생활이 너무 힘들었어. 원래 의료분야에서 일하고 싶었는데, 그냥 마음속에만 담아두고 있었지. 그러다 이 시험이 있다는 걸 알고 과감히 퇴사를 결심한 거지."

내가 다시 물었다.

"직장 다니다가 중간에 나오는 거 쉬운 일 아니라고 하던데, 무섭지 않았어요?"

그다음 이어진 형의 말이 내겐 무척 인상 깊었다.

"무서웠지. 근데 지금 아니면 앞으로 평생 후회할 것 같더라고…."

약대 합격이란 꿈을 진심으로 원하는 형의 간절함을 느낄 수 있는 순간이었다.

형은 그 누구보다 열심히 수험생활을 했다. 내가 다니던 학원은 아침 8시까지 등원해야 했다. 형은 항상 아침 7시쯤 학원에 도착했고, 자정이 돼서야 집에 갔다. 점심시간에 책을 보며 밥을 먹기도 했고, 항상 쉬는 시간에 모르는 내용을 선생님께 질문했다.

수업 도중 졸음이 오면 형은 미친 듯이 샤프로 허벅지를 찔러가며 잠을 깨기도 했다. 너무 졸리다 싶으면 교실 뒤로 나가서 수업을 듣기도 했다.

나도 이런 형의 모습을 보고 많은 것을 느꼈다. 열정이라는 게 바로 이런 거구나 싶었다. 형은 결국 꿈을 이뤘다. 지방대 약대에 최종 합격한 것이다. 나는 수험생활 동안 형이 어떻게 지냈는지 알았던 만큼 진심으로 형의 합격을 축하해줬다.

서른일곱의 나이면 누군가는 두 아이의 아빠일 수도 있고, 누군가는 직장에서 10년 차 베테랑일 수도 있다. 많은 사회적 제약으로 인해 도전을 두려워할 나이임에도 불구하고, 이 형은 가슴이 시키는 일을 택했다. 그리고 끝내 약대 합격이라는 꿈을 이뤄냈다. 비록 나는 불합격했지만, 이 형으로부터 꿈을 향한 열정과 간절함을 배울 수 있었다. 형은 꿈을 이루는 데 나이는 중요하지 않다는 걸 깨닫게 해준 고마운 은인이다.

나는 스물아홉에 첫 직장에 들어갔다. 누구나 그렇듯, 첫 직장에서의 사회생활은 쉽지 않았다. 그러한 데는 여러 이유가 있겠지만, 회사생활의 목표가 없었던 게 가장 힘들었다. 목표가 없다 보니 업무에 집중하기 어려웠고, 업무 방향성 또한 잡기 힘들었다.

더 이상 이렇게 지내면 안 되겠다 싶었다. 나는 팀 업무를 고려해 나만의 임의적인 목표를 세우기 시작했다. 그러나 회사의 주인이 아니라서 그런 걸까? 세웠던 목표를 달성하는 게 내겐 쉽게 와 닿지 않았다. '남들은 문제없이 직장생활 잘하는 듯 보이는데, 왜 나만 이렇게 갈피를 못 잡을까?'라며 스스로 자책하곤 했었다.

하루는 '직장 일은 왜 하는 것일까?'에 대한 물음을 스스로 던지면서 그

해답을 찾으려 했다. 하지만 답은 쉽게 나오지 않았다. 일하려는 욕심이 있고, 성과를 내려는 의지가 있어야 일도 잘되는 법이다. 그러나 직장 일만으로는 그 해답을 찾을 수 없었다.

어느새 나는 강연가를 꿈꾸게 됐다. 그런데 직장 일과 강연은 너무 연관성이 없었다. 당시 나는 강연가라는 것을 한 분야의 전문가 또는 교수 정도만 할 수 있는 직업이라고 생각했다.

한동안 내 강연의 꿈은 그렇게 잊혀 갔다. 그러던 어느 날 문득 나는 '평범한 직장인이 어떻게 하면 강연할 수 있을까?' 궁금해하며 구글링을 해봤다. 그러자 김태광 대표의 《10년 차 직장인, 사표 대신 책을 써라》라는 책이 나왔다. 나는 바로 그 책을 사서 읽었다. 당시 충격적으로 다가온 내용은 '평범한 사람일수록 책을 써야 하며, 자신의 책을 통해 강연, 컨설팅, 칼럼 기고 등 다양한 기회가 주어진다'라는 것이었다. 평소 '강연하고 싶다'라는 생각만 해오던 내게 이는 굉장히 희망적인 내용이었다.

책 속에서 나는 책 쓰기 코치의 일인자이신 김태광 님의 〈한국책쓰기강사양성협회(이하: 한책협)〉을 알게 됐다. 〈한책협〉에서 김태광 대표님께 배운 작가들은 수강 3주 만에 출판 계약을 맺는 등 빠르게 작가의 길을 걷고 있었다.

나는 꿈을 노트에 적기 시작했다. 노트에 나는 다음과 같이 내 버킷리스트를 적었다. '책을 써서 작가가 되고, 강연의 기회를 잡아 제2의 커리어를 쌓겠다'라고. 나는 그 꿈을 이루려 서른네 살의 나이에 〈한책협〉의 문을 두드렸고, 현재 책을 출간해 작가가 됐다.

많은 사람이 스물아홉에서 서른이 될 때, 미묘한 감정을 느끼곤 한다. 이십 대 청춘이 지나가고 어른 같은 나이로 접어들었다는 생각 때문일 것이다. 나 역시도 그런 감정을 느꼈었다. 그러나 간절히 꿈을 향해 전진하는 여러 사람을 관찰해오면서 나이는 숫자에 불과하다는 걸 깨달았다.

정말 자신이 원하는 것이 있고, 이를 성취하고 싶다면 자신의 마음이 먼저 반응할 것이다. 늦은 나이라고 생각하고, 자신만의 꿈을 포기하지 않았으면 좋겠다. 할 수 있다는 신념만 있으면 기적은 만들어진다. 굳은 신념으로 온 힘을 다하면 어떤 일도 이룰 수 있다. 지금이라도 자신의 꿈을 찾았다면, 그 꿈을 성취하기 위한 작은 행동부터 시작해보자. 당장 보이지 않는 목표라도, 멈추지만 않는다면 반드시 꿈 근처 어디든 도착해 있을 것이다.

나답게 살기 위해
내가 시작한 것

"나도 유튜브나 해볼까? 유튜버들은 돈 많이 번다더라."

누구나 한 번쯤 직장 외에 부수입을 얻고자 유튜버가 되는 상상을 하곤 한다. 하지만 많은 사람이 유튜브를 시작하기 전에 걱정한다. 만천하에 자신을 드러내야 하고, 주변에서 자신의 유튜브 채널을 알아봤을 때는 눈치까지 봐야 하기 때문이다.

용기 있는 사람이라면 일단 유튜브 채널을 생성해 영상 업로드를 시작한다. 그러나 영상을 올려도 기대한 것처럼 장밋빛 미래가 펼쳐지진 않는다. 막상 큰맘 먹고 유튜브를 시작해도 조회 수가 자신이 예상했던 만큼 나오지 않기 때문이다. 그러다 보면 점차 이런 비교를 하게 된다. '누구는 브이로그 영상 하나만 올려도 수십만 조회 수가 나오는데 나는 왜…'. 결국 언제 그랬냐는 듯 영상 업로드를 멈추고 다시 일상으로 돌아가게 된다.

직장에 다니면서 나는 한창 직무 적성에 대해 고민 중이었다. 다니고 있는 직장과 별개로 강연하고 싶다는 생각을 항상 했었기 때문이다. 사실, 직장에 다니면서 강연하고 싶다는 내 생각을 실천하지 않은 건 아니다. 나는 스물아홉 살에 처음 유튜브 채널(소보TV)을 개설하고 공감을 노린 콘텐츠를 찍어 올리기 시작했다. 내게는 재수, 약대 편입이라는 힘들었던 과거가 있었다. 그리고 그 과정에서 깨닫게 된 여러 생각과 깨달음도 있었다.

이를 공유하면 사람들에게 도움이 되리라 생각하고, 하루 1개씩 영상을 올리기 시작했다. 직장에서 틈틈이 영상 스크립트를 준비했고, 집에 와서는 영상을 찍고 편집했다. 신기하게 사람들이 내 영상을 하나둘 보면서 댓글을 남겼다. 하지만 영상을 올린다고 해서 바로바로 조회 수가 많이 나오는 게 아니었다. 어느 영상은 힘들여 찍어도 조회 수가 안 나오는데, 어느 영상은 별 기대 없이 찍었는데도 조회 수가 생각보다 많이 나오기도 했다.

유튜브 채널을 운영하다 보니, 다방면으로 채널을 키우고 싶은 욕심이 생겼다. 그래서 영상 퀄리티를 높이기 위해 틈틈이 영상편집 관련 유튜브 영상을 보며 영상편집 기술을 공부했다. 그뿐만 아니라 영상에 넣을 여러 BGM을 찾고자 다양한 유튜브 채널과 블로그를 찾기도 했다. 내 채널을 홍보하는 데도 관심을 기울이기 시작했다. 단순히 영상을 업로드하는 것만으로는 조회 수가 잘 나오지 않았기 때문이다.

나는 공무원 준비 카페, 취업 준비 카페에 가입해 그곳의 게시글에 댓글을 달며 내 영상을 홍보했다. 내 채널을 홍보하는 과정은 쉽지 않았다. 내가 카페 게시판 댓글에 여러 번 동일 글을 올렸더니, 광고성 댓글로 카페 운영자가 내 계정을 차단할 뻔했다. 나는 카페 운영자에게 개인 쪽지를 보내 광고가 아니라 순수한 마음에 댓글을 쓴 거라며 사정했다. 다행히 운영자는 이를 좋게 받아줬고, 계정 차단을 취하했다.

홍보 효과는 생각보다 좋았다. 구독자가 차츰차츰 늘기 시작하더니 100명을 달성하기에 이르렀다. 특정 영상은 많은 사람의 공감을 불러일으켰는지 조회 수가 갑자기 늘기 시작했다. 특정 댓글 중에는 영상 내용이 너무 좋아 지인에게 홍보했다는 글도 있었다. 이런 반응들을 보다 보니 점차 출근 시간보다 퇴근 시간이 더 기다려지고, 영상 찍는 작업이 더 보람되게 느껴지기 시작했다.

심지어 어떤 구독자는 내 이메일 주소로 자신의 처지와 해결책에 대한 조언을 구해오기도 했다. '내가 뭐라고 누구에게 조언할 자격이 있을까?' 하는 생각이 들기도 했다. 하지만 절실한 마음으로 요청을 준 구독자에게 조그마한 도움이라도 되고 싶었다. 성심성의껏 준비해서 구독자에게 A4 세 장 정도 되는 분량의 답신을 보내줬다. 그때 비로소 직장생활을 하면서도 느껴볼 수 없었던 묵직한 보람을 느낄 수 있었다.

유튜브 영상을 보다 보면 영상에 달린 댓글들은 보통 다 짧기 마련이다. 사람들이 재미로 영상을 보고 간단히 자기 생각을 쓰기 때문이다. 물론 종종 업로드된 영상을 보고 감명받아서 장문의 댓글을 남기기도 한다.

내 채널에는 후자의 경우가 많이 있었다. 내가 올린 영상에 너무 공감되고, 힘을 낼 수 있었다는 장문의 댓글이 많이 달린 것이다. '뭐가 그렇게 그 사람들의 마음을 움직였던 걸까?' 나는 좋으면서도 의아한 기분이 들었다.

나는 누군가에게 고시, 편입, 공무원 시험을 준비했던 정말 보잘것없는 사람에 불과할지도 모른다. 그때의 경험담과 그로부터 얻은 인사이트를 얘기한 것일 뿐이다. 그런데 누군가에겐 이 인사이트가 너무 소중할 수 있다. 이로써 '나도 누군가에게 울림을 줄 수 있는 존재구나'라는 사실을 깨달았다.

내 유튜브 채널은 점점 이름을 알리며 어느덧 900명이 넘는 구독자를 확보하게 됐다. 예상치 못하게 주변 친구들로부터 연락이 오기도 했다.

"유튜브 알고리즘에 의해 네 영상을 봤어. 유튜브는 도대체 언제부터 시작한 거야?"

나는 주변 지인들에게 내 유튜브 채널을 알리지 않았다. 굳이 내 채널을 알릴 필요도 없고, 알려줘도 괜히 잔소리만 할 것 같은 이유에서였다. 그런데 하루는 내 심장이 덜컥 가라앉은 일이 생겼다.

채널이 커져서 가능한 일이었을까? 회사에서 내 영상을 본 사람이 생긴 것이다. 하루는 업무를 하다가 마케팅부에 있는 한 대리님의 전화를 받게 됐다. 대리님은 대뜸 이런 말씀을 하셨다.

"보성 씨, 유튜브 잘 보고 있어요. 말 아주 잘하던데?"

"아… 그러셨나요? 하하하 감사합니다…."

나는 웃으면서 대화를 마무리 짓고 애써 태연한 척했다. 하지만 대리님의 얘기를 듣는 순간 눈앞이 컴컴해졌다. 타 부서 대리님이 내 유튜브 채널을 알 정도면, 회사에 어디까지 소문이 퍼졌을지 안 봐도 뻔했기 때문이다. 앞으로 어떻게 대처하며 직장에 다녀야 할지 막막했다.

물론 나중에 회사 사람들도 보리라는 점을 염두에 두고 영상을 찍긴

했다. 그러나 그 시기가 이렇게나 빨리 닥칠 줄은 몰랐다. 내가 수만 명의 구독자를 지닌 유명 유튜버였으면 억울하지 않았을 것이다. 나는 구독자 1,000명도 안 되는 무명 유튜버였던 만큼 쓸데없는 억울함이 밀려왔다.

주변에서 내 채널을 발견한 점 외에도 나만의 콘텐츠를 계속 발굴해내기에는 내 경험에도 한계가 있었다. 계속 같은 내용으로 영상을 올리는 게 구독자의 지루함을 자아낼 수 있다는 생각도 들었다. 그렇게 점차 유튜브 채널에 업로드하는 영상 수가 줄어들게 됐다.

결국, 나는 유튜브 채널 운영을 그만뒀다. 그래도 가끔 유튜브 채널 관리 앱에 들어가 내 채널의 근황을 확인하곤 한다. 채널 운영을 안 한 지 2년이 넘어가지만, 몇몇 영상들의 조회 수는 지속해 나오고 있다. 내 채널을 구독했다가 취소하신 분들도 있고, 계속 구독을 유지하신 분들도 있었다. 나는 '언젠가 다시 이 채널을 살리고 운영하리라'라는 희망을 품고 있다. 언젠가 이 채널을 통해 내가 강연하게 될 수도 있으니 말이다.

힘들고 지치는 직장생활 중에서 유튜브를 시작하게 된 건 강연하고 싶은 내 꿈에서 비롯됐다. 직장을 다니면서 실제 강연은 할 수 없던 만큼 강연은 내게 숨겨온 꿈이었다. 나는 유튜브를 통해 그 꿈을 실현하고 싶었다. 사람은 꿈은 닮아간다고 했던가? 나는 꿈을 닮아가기 위해 작은 시도를 했던 것이다.

유튜브 채널을 운영하면서 여러 우여곡절이 있지만, 나는 채널을 운영했던 과거를 후회하지 않는다. 유튜브를 시도조차 하지 않았으면, 내가 뭘 하고 싶은지 감도 잡지 못했을 테니 말이다.

꿈을 이뤄간다는 것은 가장 나다운 방향을 정해서 평생 그 길로 걸어가는 일이다. 이는 오랫동안 자기 자신과 대화를 나눠보고 성찰해보지 않은 사람은 그 방향을 알기 쉽지 않다. 일반적으로는 오랫동안 수없이 고민하고 시행착오를 겪어야만 나다운 방향도 분명히 알 수 있다는 뜻이다. 그래서 이제 막 나답게 살아가고 싶다는 생각이 든 사람들은 자신이 이뤄놓은 혹은 이루고 싶은 모든 리스트를 열거할 필요가 있다.

그중에 단순히 흥미로워하는 감정에 그치지 않고, 이를 행동으로 옮기려 한 일들이 있을 것이다. '와! 멋있다. 나도 한번…?'이라는 생각이 들 정도로 마음이 떨렸던 일 말이다. 나다운 모습은 이러한 떨림 속에서 찾을 수 있다.

나답게 살고 싶다면, 이러한 떨림의 순간을 잘 포착해야 한다. 사람마다 분명히 자신만의 떨림의 포인트가 하나씩은 있을 것이다. 지금이라도 나다움을 찾기 위해 자기 자신과 마주 앉아 고민하고 리스트를 적어가며 대화를 해보는 건 어떨까?

마음이 자꾸만 흔들리는 이유는
오직 하나

나는 대학교 3학년 때 혼자 유럽을 다녀왔다. 그 후로 다시 유럽에 갈 기회가 생겼다. 내가 다니던 회사에서는 주어진 정기 연차를 여름에 써야 했다. 그러나 내가 사원 2년 차일 때 정기 연차를 아무 때나 쓸 수 있게 회사 규정이 바뀌었다. 덕분에 나는 11월에 일정을 잡고 스페인에 다녀올 수 있었다. 취직하고 다시 유럽에 갈 수 있어서 너무 기뻤다. 학생 때 유럽 여행을 다녀온 경험을 복기하면서 계획을 세워갔다. 다만, 그때보다는 피곤할 수 있다는 생각에 일정을 여유롭게 기획했다.

마드리드를 거쳐 코르도바와 세비야 그리고 바르셀로나까지 알차게 여행할 계획을 세워나갔다. 다만, 마드리드에서의 일정은 스페인 가기 전날까지도 계획하지 않았다. 마드리드에서 가고 싶은 곳이 딱히 없어서였을까? 차일피일 여행계획 세우는 걸 미루다 보니 어느덧 출국 날이 다가왔다.

인천공항을 출발해서 이스탄불 공항을 거쳐 마드리드 공항에 도착하는 일정은 너무 길었다. 총 17시간 동안 비행기를 타야 했던 만큼 나는 내 옆 좌석이 비어있기를 기대했다. 그래서 발이라도 뻗을 수 있길 바랐다. 그러나 내가 탄 비행기는 만원이었다.

금요일에 퇴근하고 가는 여행이라 그랬을까? 눈도 뻑뻑하고 허리도 아파졌다. 그래도 시간은 빨리 지나갔다. 어느새 나는 마드리드 공항에 도착했고, 가족에게 카카오톡으로 스페인에 잘 도착했다고 연락했다. 공항을 빠져나온 나는 구글맵 앱을 보며 예약한 숙소로 이동했다. 숙소에 도착하니 체크인 시간까지 두 시간이 남았었다. 숙소에 짐을 맡기고 나는 점심을 먹으러 솔 광장으로 갔다.

광장으로 나온 나는 거리를 거닐다 한 가게에 들어가서 소시지와 고기를 시켰다. 주문한 고기가 나왔고, 허겁지겁 음식을 먹기 시작했다. 그런데 고기가 너무 짜게 느껴졌다. 스페인에서는 음식이 짜게 나오니까 '소금 없어요'를 외쳐야 한다는 한 블로거의 글이 떠올랐다.

보통 나는 음식점을 고를 때 구글에서의 소비자 평점을 보곤 한다. 그런데 너무 배가 고픈 나머지 마드리드에선 아무 집이나 들린 것이다. 그랬더니 기대 이하의 음식을 먹게 됐다. 기분이 좋진 않았지만, 그래도 배를 채웠으니 다시 돌아다녀야겠다 싶었다.

다시 나는 솔 광장으로 나왔다. 그런데 막상 솔 광장에 나오자 뭘 해야 할지 막막했다. 마드리드에서 뭘 해야 할지 아무 계획을 세우지 않았기 때문이다. 아쉬운 마음에 길거리를 정처 없이 돌아다녔다. 기념품 가게에 들어가서 자석을 사려 했는데 마음에 드는 게 없었다.

걷다 보니 소변이 마려웠다. 그런데 화장실을 찾기가 어려웠다. 다른 유럽 국가에서는 햄버거 가게만 가도 화장실이 있었는데 여긴 아니었다. 그렇게 한참 소변을 참고 다니다가 백화점에 들어가게 됐다. 겨우 화장실을 찾고 용변을 본 나는 또다시 고민에 빠졌다.

여전히 나는 이곳에서 하고 싶은 일도 없고, 해야 할 일도 없었다. 할 수 없이 나는 백화점에서 시간을 보내며 물건 몇 개를 샀다. 쇼핑을 마치고 백화점을 나오니 어느덧 저녁이 되어 있었다. 너무나 허무한 감정이 들었다.

어떤 사람은 일부러 해외에서 쇼핑하기도 한다. 하지만 오랜만에 온 유럽에서 계획에 없던 쇼핑은 낭비처럼 느껴졌다. 물론 여행이 모두 계획적일 수는 없다. 때에 따라 계획에 없던 여행이 의미 있고 재밌기도 하다. 그러나 나는 너무 무계획이었고 의미 있는 시간을 보내지도 않았다. 만약 내가 마드리드에서의 일정을 알차게 계획했다면 이렇게까지 방황하며 낭비하는 시간을 보냈을까? 마드리드에서의 하루는 해외여행을 간 이래 처음으로 후회되는 시간이었다.

여행도 계획이나 목표가 없으면, 방황하곤 한다. 내가 마드리드에서 맛없는 음식점을 들리고 의미 없는 쇼핑을 한 건 다 이유가 있다. 계획과 목표가 없는 하루를 보냈기 때문이다. 하물며 인생이라는 긴 여행을 하는데 목표가 없으면 당연히 방황할 수밖에 없다. 자꾸만 자신이 흔들리는 기분이 든다면, 스스로 이런 질문을 해보라.

'당당히 말할 수 있는 나만의 목표가 있는가?'

종합반 학원에는 어떤 시험이든 유사한 커리큘럼이 존재한다. 기본&

심화 이론 과정을 시작으로 문제풀이 과정과 파이널 과정으로 이어지는 커리큘럼이 일반적이다. 특정 시험을 준비해보지 않았더라도 수능을 준비하면서 이 커리큘럼을 누구나 한 번쯤 경험했으리라. 약대 편입학원에서도 이와 유사한 커리큘럼을 갖고 시험에 대비하곤 했다.

각 커리큘럼을 거치면서 나는 다양한 감정을 경험했다. 기본&심화 이론 과정 때는 공부하면서 재미를 느꼈다. 과목 별로 모르는 부분을 하나하나 배워가면서 내가 새로운 분야를 섭렵하는 기분마저 들었다. 이때는 아는 것도 없으면서 괜한 뿌듯함까지 느끼곤 했다. 개념을 배우는 도중에 시험을 보긴 했지만, 아직 배우는 단계라 성적에 크게 연연하지 않았다.

문제풀이 과정에선 단원 별 기출문제부터 여러 응용문제를 풀기 시작한다. 이때부터 나는 점차 긴장했었던 것 같다. 문제를 풀면서 본격적인 실력이 나타난다고 생각했기 때문이다. 보통 이 과정에서 멘탈 관리를 잘하면 파이널 과정까지 큰 슬럼프 없이 수험생활을 이어갈 수 있다. 반면 이때 멘탈이 무너지면, 슬럼프가 찾아올 가능성이 크다고 했다.

처음 피트 시험을 준비했을 때도 그렇고, 두 번째 피트 시험을 준비했을 때도 나는 문제풀이 과정을 지나면서 슬럼프를 겪었다. 성적이 안 나오는 데는 여러 이유가 있으리라. 마음을 추스르고 원인을 찾아 극복해야 했는데 그러지 못했다.

피트 모의고사는 수능 준비할 때처럼 반에서 모의고사를 치르지 않는다. 수험생이 피트 모의고사를 신청하면 지정된 학교로 가서 아침 9시부터 낮 3시 45분까지 모의고사를 치른다. 실제 피트와 같은 조건으로 모의고사가 진행되는 만큼, 도시락을 가져가서 점심을 먹곤 한다. 시험이 끝나면 사람들은 보통 집에 가거나 오답을 정리하러 학원에 가기도 한다.

모의고사는 본고사 당일 내가 어떤 조건에서 시험을 볼 것인가를 연습하는 기회로 삼아야 한다. 예를 들어 우황청심환 먹어보기, 가장 안 좋은 자리에 앉아서 시험보기, 문제 푸는 순서 바꿔보기, 마킹 연습 등등. 하지만 나는 유독 모의고사를 보면 흔들렸다. 모의고사 성적이 좋은 날도 있었지만, 그렇지 않은 적이 더 많았다.

모의고사는 모의고사일 뿐이었지만, 안 좋게 나온 내 성적에 스스로 자책했다. '약대는 붙기 어려운 건가?' 하는 생각이 계속 들었다. 시험 날이 다가올수록 나는 학원 옥상에 올라가 하늘을 쳐다보는 날이 많아졌다. 한숨도 많이 늘었었다. 성적이 잘 나오지 않다 보니, 시험 일주일 전에는 잠도 잘 오지 않을 정도였다. 알 수 없는 답답함에 하루가 길게만 느껴졌다.

내가 약대 편입시험을 준비하게 된 원인은 전문직이라는 안정감이 전부였다. 문제 풀이 과정을 거쳐 슬럼프를 겪은 것도, 모의고사를 보며 수차례 내가 흔들렸던 이유도 모두 같았다. 나다운 꿈을 꾸지 않았기 때문이다. 어찌 보면, 나는 대학입시를 준비할 때와 같은 실수를 반복한 셈이다. 약사라는 허상을 좇으며 공부할 명분만 만들었을 뿐, 정작 날 붙잡아줄 꿈은 없었다. 그 꿈은 내가 만든 게 아니라 남이 만든 꿈이었던 것이었다.

꿈은 삶의 지향점이자 목표다. 흔들리지 않으려면 먼저 분명한 꿈을 가져야 한다. 꿈이 명확해야 내 에너지와 역량을 그곳으로 투입할 수 있다. 꿈이 명확하지 않으면 우왕좌왕하다 아까운 시간만 허비하게 된다. 그래서 꿈이 없거나 흐릿한 목표를 가진 사람은 작은 일조차 이루기 어렵다.

우리가 자꾸 흔들리는 이유는 오직 하나, 꿈이 명확하지 않아서다.

흔들리지 않는 내가 되기 위해서는 나다운 꿈을 먼저 발견해야 한다. 오로지 그 답은 내 안에 있다. 그러기 위해선 끊임없이 자기 자신과 대화하며 성찰해 나가야 한다. 자신만의 꿈을 발견했다면 꿈을 단단히 고정시키는 과정이 필요하다. 꿈의 목록을 작성해 눈에 잘 띄는 곳에 붙여야 한다. 자주 보는 휴대전화의 바탕화면이라면 가장 좋다. 그리고 계속 상상하며 이를 현실로 불러들여야 한다.

자꾸 흔들리고 있는가? 그렇다면 나다운 꿈을 찾아보자. 나에 대해 종이 위에 기록하며 차근차근 나를 알아가자. 나를 객관적으로 바라보는 순간 흐릿하게만 느껴졌던 나만의 꿈이 선명하게 보일 것이다.

우리는 흔들리며
어른이 된다

책을 읽다 보면, 저자들이 지난 과거를 회상하며 본인 집안이 어려웠던 얘기를 하곤 한다. 매번 '경제적 어려움'을 글자로만 접하다 보니, 나는 그 상황인지 잘 와 닿지 않았다. 막상 그런 현실을 내가 마주하게 되니 집안이 어렵다는 게 뭔지 몸소 체험할 수 있었다.

아버지가 하시던 사업이 위기를 맞아 우리 집은 경제적으로 큰 어려움을 겪게 됐다. 어느 날 집에 들어갔는데, 가전기기마다 압류딱지가 붙어있었다. 처음엔 이게 뭔지 몰라서 떼어 내려고 했는데, 압수해가기 위해 붙어놓은 딱지란다. 어떤 가전기기는 할머니 집으로 가져가기도 했다. 압류되기 전에 옮겨놓은 것이었다.

나는 자세한 우리 집안 사정을 몰랐지만 '뭔가가 잘못됐구나'라는 생각으로 하루하루를 보냈다. 엄마는 자주 한숨을 내쉬었고, 가만히 안방에 계시다가 울기도 하셨다. 당시에는 그 눈물에 의미를 몰랐다. 시간이 지나서야 알았다. 그때 엄마가 흘린 눈물은 감당하기 어렵고 막막한 현실 앞에서 나올 수밖에 없는 외로움이라는 것을.

앞으로는 엄마가 울지 않았으면 하는 마음이 들었다. 비록 내가 돈을 벌진 못하지만, 집에 도움이 되고 싶었다. 그때부터 '내가 집안에 경제적으로 도움이 될만한 방법이 없을까?' 고민하기 시작했다. 무엇보다 대학 등록금을 마련해야 하는 게 급선무였다. '시간 대비 가장 효율적이고 많은 돈을 벌 수 있는 게 뭐 없을까?' 고민 끝에 나는 장학금 받는 게 최선이라는 결론을 내렸다.

대학교 1학년 학과 생활은 내게 기회의 시간이었다. 대부분의 학생은 1학년 학과 생활을 즐겨야 한다고 생각한다. 그런 만큼 나는 1학년 학과 성적을 받기 쉬울 거라 판단했다. 내 예상은 적중했다. 수업이 끝나고 동기들은 삼삼오오 당구장이나 PC방을 가곤 했다. 그동안 나는 혼자 도서관에서 틈틈이 수업 내용을 복습하고 외웠다. 또한, 스터디 소모임에서 선배들이 진행하는 미니 특강⑦도 빠짐없이 참석했다. 전공과목의 기초가 부족한 내게 이 특강은 많은 도움이 됐다.

그렇다고 동기들과 어울리지 않은 건 아니었다. 학기 중에 학과 MT, 소모임 MT도 꼬박꼬박 참여했고, 다른 학교 학생들과의 다대다 미팅도 했었다. 방학 때는 서해, 동해, 남해를 모두 찍을 만큼 후회 없이 놀았다고 자부할 수 있다. 단지 남들이 낭비하는 시간을 틈틈이 채워서 공부했을 뿐이다. 그 결과, 1학년 두 학기 모두 학과 상위 10%에게 주는 성적 장학금을 받을 수 있었다.

성실하고 열심히 하다 보면, 분명 그에 상응하는 대가는 따라오게 되어 있다. 물론 무조건 성실히만 한다고 결과가 나오는 건 아니다. 목표를 향한 성실함이 있어야 결과도 나오는 법이다. 가전기기마다 붙은 압류딱지는 책이나 텔레비전 속에서나 봐왔지, 실제 우리 집에 그런 게 붙을 거라곤 상상도 못 했다.

그땐 어떻게 그 시절을 버텼나 싶었다. 힘들지 않은 사람은 없다. 다들 어려운 상황이 오고 좌절하고 싶을 때가 많을 것이다. 단지 겉으로 볼 때 누군가의 어려움이 티 나지 않을 뿐이다. 다들 각자 나름대로 어려운 상황에 맞서 스스로 고민하며 묵묵히 이겨내고 있다. 우리는 모두 그렇게 어른이 되어간다.

'적정가 소외주'라는 말을 들어본 적 있는가? 어디에서도 그런 말을 들어본 적 없을 것이다. 이는 회사에서 부장님이 나를 평가할 때 쓰던 비유였다. 보통 주식시장에서 낮은 가격에 형성되어 있지만, 미래 발전 가능성이 큰 주식을 '저평가 우량주'라 표현하곤 한다. 그러나 '적정가 소외주'라는 표현은 그와 반대되는 의미로 이해하면 된다. 즉, 주목받지 못할 정도의 가능성을 갖고 있다는 뜻이다. 나는 회사에서 그런 존재였다.

한 번은 나로 인해 회사가 가산세를 물을 뻔한 사건이 있었다. 매달 전표 마감 날이 다가오면 어김없이 전표팀은 분주해지곤 한다. 그런데 전표 마감날에 내가 세금계산서 서버에서 인증서 이름을 변경해버렸다. 인증서 이름이 변경되면 회사 시스템 내에서 세금계산서 인증 절차가 진행되지 않는 현상이 발생한다. 세금계산서 인증이 안 되니 전표 마감이 안 됐다. 전표팀에 비상이 걸렸다.

전표 마감이 안 될 경우, 회사에서 가산세를 물게 되는 최악의 상황까지 이어질 수 있었다. 어수선해진 상황에서 얼른 내 잘못을 상부에 보고드렸다. 나는 퇴근 시간이 다 돼서 회의실로 불려가 경위서를 작성했다. 그때 한 달 동안 들을 수 있는 욕을 하루 만에 다 들었던 것 같다. 그렇게 나는 먹먹한 감정을 품고 집으로 돌아갔다.

'깨진 유리창의 법칙'을 들어본 적 있는가? 보통은 책을 통해 이 이론을 배우곤 하는데, 나는 혼나면서 이 법칙을 알게 됐다. 깨진 유리창의 법칙은 깨진 유리창 하나를 방치해두면, 그 지점을 중심으로 범죄가 확산되기 시작한다는 이론이다. 이는 사소한 무질서를 방치했다간 나중엔 지역 전체로 확산될 가능성이 크다는 의미를 담고 있다.

하루는 상사가 나를 회의실로 불렀다. 회사업무에 집중하지 못하는 듯 보이는 내게 할 말이 있어서였다. 회의실에 들어오자마자 온갖 쓴소리는 다 들었다. 초등학생이 해도 이것보단 잘할 것 같다는 얘기부터 후배보다 네가 높은 월급을 받는 게 말이 되냐는 얘기까지. 그러다 상사가 갑자기 이런 비유를 말했다.

"너는 우리 팀 내의 깨진 유리창과 같은 존재야."

멋진 비유였지만, 가슴이 아려왔다. 팀 내의 문제가 나로 인해 발생 되고 점차 커질 수 있다는 의미였기 때문이다.

당시 나는 맡은 업무에 보람을 느끼지 못한 게 가장 힘들었다. 내가 속한 팀은 외주업체가 발주부터 기성지급하는 과정까지를 지원하는 역할을 담당했다. 하지만 나는 그 업무를 통해 보람을 느끼지 못했다. 그러다 보니 업무에 집중하지 못했고, 업무 방향성 또한 잡기 어려웠으리라. 나를 둘러싼 모든 상황이 서글프게 느껴졌다.

'무언가를 새로 시작한다는 것은 자신의 무능함 앞에 자신을 가져다 놓는 것'. 유튜브 채널 〈MKTV 김미경TV〉에서 김미경 강사가 강연 중에 했던 말이다. 김미경 강사는 밀라노에서 패션을 배울 때, 매일 찌질한 자신의 모습을 봤다고 했다. 강의하면서는 삼십 년 동안의 노하우를 보여줄 수 있었지만, 패션을 배우면서는 수업 시간에 알려주는 숙제도 못 알아들었다고 했다.

나 역시 회사에 다니면서 '내가 이렇게 찌질했나?', '왜 나는 뭘 해도 혼나는 거지?'라고 생각했었다. 매일 나는 내 찌질한 모습과 마주쳤었다. 나는 여태 스스로 바보라고 생각해본 적이 없었다. 그런데 회사에서는 내가 바보 같아 보일 때가 너무나 많았다. 스스로 괜찮다고 위로해보려고 노력도 많이 했다. 그러나 쉽지 않았다. 너무 스스로 자책하며 회사생활을 했던 탓일까? 어느 순간 나를 계속 낮추는 데 집중하는 자신을 발견할 수 있었다.

평소 남 탓하는 것을 좋게 생각하지 않았다. 내게 어떤 문제가 생겼을 때 보통은 내 잘못에서 비롯된 게 많다고 생각했다. 그러나 회사에서 계속 자책하다 보니 '때론 남 탓을 해야 내가 살겠구나'라는 생각이 들 정도로 자존감이 낮아져 버렸다. 그럴 때마다 나는 스스로 다독였다.

'얼마나 내가 더 큰 사람이 되려고 이렇게 넘어지고 깨지는 것일까?', '지금은 내가 찌질해 보일지라도 언젠가는 그 모습을 털어내고 유능한 사람이 될 것이다.'

나는 참 많이도 흔들렸다. 어른이 되는 게 이렇게나 어려운 건지 몰랐다. 그러나 흔들렸던 만큼 미래에 큰 도움이 될 거라 믿으며 긍정적으로 살아갔다. 시련과 역경에 처할수록, 실패할수록 성공과 조금씩 가까워진 다고 생각하면서 말이다. 그리고 지금은 나다운 꿈을 찾게 됐고, 그 꿈을 향해 전진하며 잘 살아가고 있다. 흔들리며 어른이 되는 건 어찌 보면 당연한 일이다.

비교란
부질없는 게임이다

2008년 11월 13일, 첫 수능을 보던 날이었다. 언제나 그랬듯이 수능시험 날은 매우 추웠다. 게다가 전날 너무 긴장한 나머지 잠까지 설쳤다. 대략 3시간 정도 잠을 잤던 것 같다. 어떻게 수능시험을 쳤는지 기억조차 나지 않았다. 다만, 수능시험이 끝나고 학교 정문을 나왔을 때, 큰 허탈감이 밀려왔던 기억이 있다. '이 한순간을 위해 그렇게 공부를 했던 거였나?'라는 생각을 하면서. 그때 고등학교 입학 때부터 수능 전날까지의 일들이 파노라마처럼 지나갔다.

수능시험이 끝나고 집에 돌아온 나는 수험표 뒤에 적어온 내 답과 인터넷에 올라온 답안을 비교하며 채점을 시작했다. 채점이 끝나고 재수를 결심하기까지 오랜 시간이 걸리지 않았다. 이 성적으로는 내가 원하는 대학에 지원하기 어려웠기 때문이다.

내가 재수학원을 알아보는 동안 친구들은 하나둘 대학에 합격하기 시작했다. 좋은 대학에 합격한 친구들에게 축하 메시지를 전했다. 하지만 마음속으로부터 질투심이 올라오기 시작했다. '똑같이 공부했는데 쟤는 잘되고 나는 왜…?'

잘된 친구들과 비교하다 보니 내가 너무 초라하게 느껴졌다. '내 스무 살은 왜 이래야 하는 걸까?' 허탈함이 몰려들기 시작했다. 하지만 어쩔 수 없었다. 이미 엎질러진 물이었고 처음부터 시작했어야 했다.

나는 신촌에 있는 한 재수학원에 등록했고, 3월부터 본격적인 재수 생활을 시작했다. 3월이 되니 대학에 들어간 친구들이 학과 OT, 신입생 환영회에 간 사진을 자신의 싸이월드에 올리기 시작했다. 당시 나는 3월 모의고사를 준비하며 의지를 불태우는 중이었다. 그러나 대학에 입학한 친구들의 싸이월드를 보면서 마음이 흔들리는 건 어쩔 수 없었다.

신촌에서 공부하다 보니 5~6월엔 근처 대학 축제 분위기를 고스란히 느낄 수 있었다. 스무 살, 혈기 왕성한 나이에 이를 보고 얼마나 놀고 싶었겠는가? 하지만 그러한 마음을 꾹꾹 눌러 담으며 공부에 매진했다. 수능이 다가올수록 걱정과 불안, 스트레스는 점차 늘어갔다. 그래도 마음을 다잡고 쳇바퀴 돌 듯 학원에서 수업 듣고 자습하며 대학생이 될 날을 꿈꿨다. 재수할 때 나는 대학생들을 참 많이 부러워했던 것 같다. 막상 대학생이 됐을 땐 별 특별한 감정도 없었으면서 말이다.

재수한 지 10년이 훌쩍 지났다. 삼십 대가 된 지금, 나와 내가 그렇게 부러워하던 친구들은 어떻게 살고 있을까? 물론 각자 다른 분야에서 일하고 있지만, 대부분 직장생활을 하는 중이다. 우리는 성적에 맞춰 대학과 학과를 선택했고, 좋은 직장에 취직하기 위해 열심히 노력했다. 모두가 천

편일률적인 패턴으로 직장인이 된 것이다. 학벌에 따라 혹은 학과에 따라 직장 연봉은 조금씩 다를 순 있다. 하지만 모두가 같은 월급쟁이 신세다. 재수할 때 남들과 비교하면서 자격지심을 느꼈던 게 의미가 있었나 싶은 생각이 들었다.

돌이켜 보면, 스무 살에 나는 왜 그렇게 남들과 비교했는지 모르겠다. 물론 당시엔 1년 차이가 당시에는 크게 느껴졌고, 어린 마음에 빨리 어른이 되고 싶었다. 그러나 지나고 보니 재수한 1년은 정말 아무것도 아니었다. 1년 빨리 대학에 입학했다고 해서 먼저 성공하리란 법도 없고 1년만큼 더 행복한 것도 아니다. 그런 만큼 비교를 할 필요가 전혀 없었는데 말이다. 비교는 좌절로 가는 확실한 덫에 불과하다.

누구나 대학에 다니면서 즐겁거나 힘들었던 여러 추억이 있을 것이다. 대학 생활을 생각하면, 나는 힘들게 동기들과 코딩과제를 수행하며 보냈던 추억들이 떠오르곤 한다. 교수님이 수업 시간에 대형 코딩과제를 내주면 나와 동기들은 종종 24시간 카페에서 해당 과제를 수행하곤 했었다. 24시간 카페에 갈 때마다 우리가 항상 챙겨가는 물건이 있다. 개인 노트북과 6구짜리 멀티탭이다. 6구짜리 멀티탭을 챙기는 이유는 6명이 같은 테이블에 앉아 노트북을 사용해야 하기 때문이다.

카페에 도착해서 커피를 시켜놓고 콘센트가 있는 테이블에 6명이 둘러앉아 코딩을 시작한다. 모두가 자리를 잡고 코딩을 시작하는데 저마다 과제를 해내는 속도가 다르다. 한 친구가 빠르게 코딩을 해내면 그 친구 주변으로 우르르 몰려간다. 그리고 그 친구가 짜놓은 코드를 보며 다 같이 진도를 나가곤 한다.

그렇게 이 친구 저 친구가 서로 알려주다 보면, 과제는 다 끝낼 수 있었다. 그러다 보면, 어느새 새벽 3~4시가 훌쩍 넘어있었고, 우리는 카페 근처에 있는 김밥천국에서 밥을 먹었다. 그리고 새벽 첫차를 타고 집으로 귀가했다.

항상 동기들과 함께 과제 하면서 느낀 바지만, 나는 코딩 잘하는 동기들이 부러웠다. 그들은 같은 과제를 할 때 자신의 과제를 미리 다해 놓는다. 그리고 남의 과제를 어떻게 해줄까 고민했다. 때때로 과제를 하다 막히면 꿈을 꾸면서도 코딩 생각이 난다고 동기가 얘기했다. 그러다 보니 그들이 키보드로 뚝딱뚝딱하면 뭔가 결과물이 만들어져 있었다. 나는 내 과제를 수행하기도 바빴는데 말이다. 동기들이 어떻게 코딩을 잘하게 됐는지와 그들만의 철학이 부러웠다.

코딩하다 보면 수많은 오류를 만나게 된다. 나는 분명 맞게 코드를 짠 것 같지만 예상치 못한 오류들이 나오곤 한다. 결국, 오류를 누가 더 빨리 고쳐서 프로그램이 잘 돌아가게 하는가가 코딩의 관건이다. 오류를 내고 이를 고치는 데 나는 유독 오랜 시간이 걸려 항상 스트레스를 받았다. 물론 코딩을 하다 보면 누구나 다 겪는 일이지만, 나는 유난히 더 그랬었다.

어떤 사람이 좋아하는 것들은 곧 그 사람의 정체성을 말해준다. 삶을 이루고 있는 사소한 것들로 성격이나 살아온 역사, 경험들이 드러난다. 이젠 내가 무엇을 좋아하는지 조금씩 이해하기 시작했다. 각자 자신만의 잠재력과 능력이 있고 서로 다른 방향으로 이를 발산할 수 있음을 깨달았다. 과거에 내가 코딩 잘하는 동기들과 비교한 것이 인제 와서 무슨 의미가 있었을까 생각이 든다.

　서른이 넘으면 대부분 모든 사람이 사회생활을 시작하고 돈을 벌기 시작한다. 돈으로 할 수 있는 것이 많아지면서 남들과 비교할 거리도 다양해진다. 좋은 곳에 가고, 좋은 차를 타고, 좋은 집에 사는 남의 모습을 보면 괜히 나만 초라해지고 열등감에 휩싸인다. 이러한 비교를 여지없이 실감할 수 있는 공간이 인스타그램이다.

　인스타그램에 들어가 보면 아무렇지 않게 행복해 보이는 사람들의 피드가 대부분이다. 경제난과 취업난이 갈수록 심해지고 있는데, 인스타그램 안에서는 자랑거리와 화려함이 넘쳐난다. 이는 곧 사용자들에게 괴리감을 심어주고 정신건강에 악영향까지 주고 있다.

　인스타그램을 하면서 나도 때론 상대방을 부러워하기도 하고 아무렇지 않게 넘어가기도 한다. 하지만 결국은 내가 어떻게 비교하느냐, 어떻게 생각하느냐에 따라 내 멘탈을 지킬 수 있음을 깨달았다.

　자신만의 기준을 정해놓고 아래를 바라보면 '내가 만족스러운 삶을 살고 있구나' 하고 편한 마음을 먹을 수 있다. 반면에 자신이 잡은 기준보다 위를 바라보면 항상 자신이 초라해 보이고 불행하다는 생각에 빠지게 된다. 우린 늘 후자의 비교를 하기에 비교하면서 우울해지는 것이다.

　물론 타인과 상호작용하며 살아가는 인간인데 어떻게 남들을 보며 아무 비교 없이 살 수 있으랴. 가끔은 비교가 필요하다. 넘치는 비교는 독이 될 수 있지만 말이다.

　사람은 가장 나다울 때 행복함을 느끼고, 남과 나를 비교할 때 불행을 느낀다고 한다. 우리는 남들과 비교할 때 정당한 비교를 한다고 생각하지만, 이는 큰 오산이다. 남들과 비교할 때 우리는 보통 내 단점과 남의 장점을 놓고 비교하곤 한다. 당연히 상대가 우위를 점할 수밖에 없다. 내가 초라해 보이는 게 당연하단 소리다. 비교라는 부질없는 게임 속에서 벗어나 우리는 시선을 자신에게 돌려야 한다. 누군가와 나를 비교하기보다는 스스로 무엇이 부족한지 생각하고 나다움을 채우기 위해 고민한다면 인생은 더 풍요로워질 것이다.

당신의 인생은
아직 오전이다

많은 사람이 현대 사회를 살아가는 사람들의 삶이 과거보다 힘들고 팍팍해진 것 같다고 생각한다. 그래서 한 번쯤 걱정 없이 지냈던 자신의 과거를 그리워하곤 한다. 이는 현실에서 벗어나고 싶은 지친 자신의 바람을 잠시나마 충족시켜주기 때문이리라. 나 역시 수없이 많은 과거를 그리워했던 것 같다.

중학교 때의 나는 성적이 우수한 모범생 축에 속했다. 성적이 좋은 편이다 보니 좋은 고등학교에 가고 싶은 욕심이 생겼다. 당시 학원가에서는 특목고 입시가 열풍이었고, 나도 그 열풍에 휩쓸리다시피 했다. 특목고를 가기 위해 나는 최선을 다했다.

내신을 잘 받기 위해 전교 20등 이내 성적을 유지했다. 또한, 입시학원에 다니면서 테이프가 늘어질 때까지 영어 듣기를 연습했고, 밤새 수학 공부를 하기도 했다. 열심히 노력한 결과, 한 외국어고등학교에 입학할 수 있었다.

외고에 입학하면 내 인생의 전성기가 펼쳐질 줄 알았다. 그러나 외고 입학이 오히려 독이 됐다. 각지 중학교에서 공부 좀 한다는 애들과 영어권에서 살다 온 애들 사이에서 내 성적은 중위권 밑을 웃돌았다.

그땐 자존감이 높았던 중학생 시절을 떠올리며, 긍정적인 생각을 하려 노력했었다. 중학교 땐 성적이 낮아서 받은 스트레스는 없었다. 자존감도 높았고 장난기도 많았다. 그러나 고등학생이 되어 내 자존감은 좋지 않은 성적만큼 낮아졌고 장난기도 사라졌다. 고등학교 생활은 한 치 앞이 보이지 않는 어둠 속과 같았다.

대학교 1학년을 마치고 나는 스물두 살에 군에 입대했다. 강원도 102 보충대에 입소하는 날 아침이 밝았다. 나는 부모님과 외할머니께 큰절하면서 무사히 다녀오겠다고 하며 집을 나섰다. 가족 중에는 아무도 나와 함께 102보충대에 가는 사람이 없었다. 유일하게 내 죽마고우인 중학교 친구가 나와 동행했다.

입소 시간이 다가오면서 내 불안감은 커졌다. 입소 한 시간 전에 친구와 닭갈비를 먹었는데, 당최 닭갈비가 입으로 들어가는지 코로 들어가는지 모를 정도였다. 아마 입대하는 게 점차 실감 나서 그랬으리라. 보충대 근처에는 머리를 짧게 자른 입대자들이 여럿 보였다.

입소 시간이 되어 나는 102보충대에 들어가게 됐다. 보충대에 들어가는 길에 대학교 1학년 때 기억들이 파노라마처럼 지나갔다. 그때 나는 자유로웠던 대학 생활을 추억하며 제대를 꿈꿨었다.

어느새 제대한 나는 학교로 복학하게 됐다. 복학하고 첫 수업이 있기 전날, 너무 설렜던 나머지 잠을 설쳤다. 다시 자유의 신분이 됐고, 뭘 해도 다 할 수 있을 것만 같은 기분이었으니 말이다. 나는 그때의 그 감정을 아직 잊지 못한다.

그러나 막상 복학하고 보니 앞으로 어떻게 살아야 할지 막막했다. 학과 생활을 계속 이어갈지 다른 시험을 준비해야 할지 아무도 가르쳐주지 않았다. 오롯이 나 스스로 탐색하고 부딪치며 미래를 준비해야 했다.

그때 나는 군인 신분이었던 내 과거를 떠올리곤 했다. 군부대 안에 있을 땐 훈련하고 시키는 일 만하면 됐다. 당시 내겐 '제대'라는 목표만 있었을 뿐, 다른 고민거리가 없었다. 군대를 다녀온 대한민국 남자라면 한 번쯤 나와 같은 생각을 해봤을 거로 본다.

여러 고민 끝에 나는 약대 편입을 준비하고자 마음먹었다. 장밋빛 미래를 꿈꾸며 시험 준비를 시작했지만, 준비한 만큼 내 성적은 잘 나오지 않았다. 성적이 나오지 않다 보니, 몸이 예민해졌고 점차 소화 기능이 떨어지기 시작했다. 나는 점점 야위었고 지쳐갔다.

혼자 공부하면서 외로움도 커졌다. 혼잣말이 늘기 시작했고 부정적인 생각이 자주 떠오르기 시작했다. 그럴 때면 필사적으로 산책했다. 산책하면 조금이나마 부정적인 생각을 떨칠 수 있었기 때문이다.

하루는 공부가 끝나고 집에 왔는데 알 수 없는 서러움이 북받쳐 올랐다. '내가 무의미한 노력을 하는 건가?' 하는 생각이 들었다. 눈물이 나오려는 것을 억지로 참았다. 집에서 가족에게 우는 모습을 보이기 싫어 집밖으로 나왔다. 당시 집 근처엔 광활한 벌판에 수풀이 우거진 공사장이 있었다. 그 공사장 안에서 하염없이 눈물을 흘렸다.

나는 성당에 다니면서 하느님을 원망해본 적이 없었다. 그러나 그 날만큼은 하느님을 미친 듯이 원망하고 싶었다. 하느님을 원망하면서 이런 생각을 했다. '언제까지 내가 더 쓰러져야 하는 거예요?', '이제는 날 일으켜줄 때가 되지 않았나요?', '긍정적으로 생각하고 또 생각할게요. 그리고 뉘우칠게요. 부디 날 좋은 곳으로 이끌어주세요'.

그때 나는 평범했던 대학 생활을 떠올렸다. 적어도 학교에 다닐 때는 지금의 불안감은 없었기 때문이다. 학과 생활이 그렇게 답답했었는데 힘든 상황에 놓이다 보니 과거를 회상하게 된 것이다. '친한 동기들끼리 학과 생활 같이하면서 취직하는 게 더 나았을까?'라고 되뇌면서 말이다.

약대 편입준비가 끝나고 또다시 학교로 복학하게 됐다. 취업 준비생들이 다 그렇겠지만, 취업 준비를 하다 보면 정해지지 않는 자신의 미래로 인해 불안해질 수밖에 없다. 남들 하는 것처럼 자격증을 따야 하고, 학교 성적도 잘 받아야 하는 등등. 기존에 생각하지 못했던 여러 고민거리를 떠앉고 살게 된다.

누구에게나 처음은 막막한 법. 나 역시 처음 하는 취업준비라서 뭘 어찌해야 할지 몰랐다. 취직에도 분명 정답이 있을 것이라 여겼던 나는 갈피를 잃고 혼란스러워했다. 그러다 학과에 지인이 몸담았던 연구실에 인턴을 자처했다. 그러나 2주일도 안 돼서 그 연구실을 나오게 됐다. 해당 연구실에서 하는 학문이 나와는 맞지 않는다고 판단해서였다.

그러다 보니 이 정도의 고민도 없이 지냈던 군인 시절이 그리워졌다. 심지어 약대 편입준비 시절까지도 그리워지기도 했다. 그땐 뚜렷한 목표라도 있었는데, 지금은 목표가 있어도 너무 막연했기 때문이다.

사회생활을 하면서도 종종 과거를 떠올리곤 했다. 하루는 직장에서 상사한테 수차례 깨지고, 퇴근 후에 늦은 회식까지 했다. 흔들리는 멘탈을 부여잡고 마지막 술자리까지 상사와 함께하다 보니 허무감이 밀려왔다.

그날 집에 오면서 취업 준비했던 시절이 문득 그리워졌다. 지금 다니는 회사에 합격하기 전에 나는 약 80군데 회사에 지원했다. 수십 군데 회사로부터 불합격 통보를 받았다. 절실함은 나날이 커졌다. 그런 만큼 지금 다니는 회사에 면접 볼 기회가 생겼을 때 너무 기뻤다. 절실한 마음으로 면접에 임했다. 그런 마음이 잘 전달됐는지 지금의 회사에 최종 합격할 수 있었다.

물론 이곳에 입사하기 전엔, 입사 지원한 곳 중에 어디라도 됐으면 하는 마음으로 하루하루를 보냈었다. 불투명한 내 미래로 불안에 떨면서 말이다. 다만, 그땐 직장 생활하면서 느끼는 스트레스를 몰랐던 시절이다. 그래서 그때가 차라리 나았을 거라 착각하며 과거를 회상하는 것이리라. 이처럼 매 순간은 미래에 자신이 부러워할 순간들이다. 지금 살아가는 이 순간들은 다시 돌아오지 않는다. 한번 당신의 과거를 천천히 돌이켜보라. 지나고 보면 매 순간순간이 좋았음을 깨닫게 될 것이다.

서른이란 나이는 예기치 않게 찾아온다. 막상 서른이 되면 모은 돈도 얼마 없고, 제대로 이뤄놓은 것 하나 없다고 느껴진다. 나이로는 어른이 됐다고 하지만 마음은 아직 대학 시절에 머물러있다. 앞으로 어떻게 해야 할지 막연하기까지 하니 서른이 돼서 얼마나 복잡한 심경이 들겠는가.

확신보다 질문이 더 많았던 서른 즈음의 내 인생 성적표는 너무 초라했다. 열심히 공부해서 30대가 되면 남부럽지 않게 원하는 커리어도, 여유로움도 가질 줄 알았는데 무엇 하나 제대로 성취한 게 없었다. 내가 가진 것은 오직 하나, 수많은 실패를 통해 얻은 깨달음뿐이었다.

그래도 가능성이 있고 다시 일어설 수 있는 나이가 서른이다. 서른은 절대 늦지 않았다. 10년 전 화제의 도서 《아프니까 청춘이다》에서 이십 대 젊은 청춘을 7시 12분에 비유했었다. 서른인 당신의 인생은 아직 오전이다. 현재 서른을 살고 있는 당신은 한창 좋은 때를 보내는 중이다.

Love
Yourself

2장

내일 당장 이룰 것처럼
꿈을 꿔라

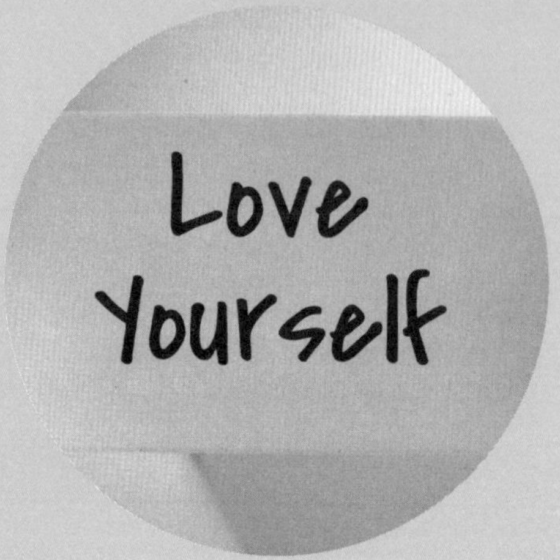
Love
Yourself

스스로 인정하고
가치를 느끼는 일을 하라

대학교 1학년 때 수학 학원에서 아르바이트를 했었다. 나는 학원 매니저로 수업 후에 학생들과 질의응답을 주고받곤 했다. 큰 강의실에서 선생님의 수업이 끝나면 학생들은 소강의실로 가서 3~4명 단위로 자습을 시작했다. 그때 내가 맡은 학생들로부터 질문을 받고 문제를 해결해줬다. 내가 담당했던 두 여학생이 가장 기억에 남는다.

이 친구들은 유독 나를 잘 따라줬다. 모르거나 헷갈리는 문제가 있으면 이들은 어김없이 내게 질문했다. 나는 그들의 문제를 해결해주면서 많은 보람을 느꼈다. 수학을 어려워하는 사람이 어느 부분에서 고민하는지, 어떻게 풀어가야 할지 생각해볼 수 있었다. 그 과정에서 어떻게 하면 학생들에게 내 가르침을 쉽게 이해하도록 할지 고민했다.

내게 이러한 고민이 힘겹지 않았다. 내 지식을 남에게 말해주는 게 흥미로웠기 때문이다. 때때로 나는 학생들에게 내 대학 생활을 얘기해주며 그들의 공부 의욕을 높여주곤 했다. 이 친구들은 내 일상 얘기를 할 때 더 집중해서 나를 바라보곤 했다. 다른 대학교 여학생들과 했던 4:4 미팅 이야기, 방학 기간에 서해, 동해, 남해를 돌아다니면서 놀았던 이야기 등을 해주면 너무나 즐거워했다. 그러곤 다시 열심히 공부하겠다며 펜을 붙잡았다.

두 학생을 담당하면서 나는 내가 좋아하는 내 모습이 어떤 것인지 깨달았다. 나는 남에게 도움을 주는 일을 할 때 행복함을 느꼈다. 이런 내 진심이 통해서였을까? 학원 아르바이트를 그만두고서도 종종 이 친구들과 연락하며 지냈다. 내가 군에 입대했을 때 이들은 내게 편지도 써줬고, 제대하고서도 함께 코인노래방을 가곤 했다.

시간이 지나 우리는 서로 연락이 뜸해졌다. 그로부터 10년이 지났다. 한창 날이 추웠을 때였다. 가르쳤던 학생 중 한 명이 결혼한다고 연락이 왔다. 분명 고등학교 1학년 때 처음 내게 가르침을 받던 아이가 성인이 되어 결혼한다니! 감개무량한 일이었다.

나를 잊지 않고 결혼식에 불러준 제자가 고마웠다. 남에게 내가 아는 지식을 알려주는 게 좋아서 함께한 인연이 이렇게까지 이어질 줄은 몰랐다. 제자의 결혼식에 간 날, 알 수 없는 감동이 마음속에서 일렁였다. 그때의 결혼식은 뿌듯한 기억으로 영원히 남을 것이다.

건설회사 재직 시, 부산 감천문화마을에서 이틀간 연탄 봉사를 한 경험이 있다. 연탄 봉사는 우리 회사의 큰 이벤트 중 하나였다. 다른 회사는 대외적인 이미지로 인해 연탄 봉사를 하는 척만 한다고 들었다. 하지만 우리 회사는 하는 척이 아니라 진짜 수만 장의 연탄을 직접 다 나르곤 했단다. 나는 이런 회사 이벤트가 좋다고 생각했다. 그런데 속사정을 들어보니 의외인 점이 있었다. 여러 건설 현장마다 징계 대상이거나 물의를 일으킨 사람들이 지원자로 차출되어 간다는 사실.

반면, 본사에 있는 부서에서는 연탄 봉사에 자발적으로 참여할 지원자를 모집했다. 연탄 봉사를 한 번도 해본 적 없는 나는 무조건 연탄 봉사를 해보겠다며 부장님께 말씀드렸다. 나는 연탄 봉사 지원자에 최종적으로 선정됐다.

연탄 봉사하는 날 아침, 나는 직장 동료와 8시 KTX를 타고 서울역에서 부산역으로 향했다. 부산역에 내려 근처 돼지국밥집에서 국밥 한 그릇으로 배를 채우고 감천문화마을로 이동했다. 회사에서는 연탄을 나르기 전에 공터에 모여 지원자들에게 회사 로고가 적힌 검은색 작업복을 나눠줬다. 작업복을 입고 단체 사진을 찍은 후, 본격적으로 연탄을 나르기 위해 마을 골목으로 들어갔다.

연탄 봉사할 때는 연탄이 쌓여있는 곳에서 연탄을 실어주는 역할과 실은 연탄을 집집이 나르는 역할이 있다. 나는 주로 연탄을 실어 나르는 역할을 했다. 연탄을 나르면서 달동네 골목 골목을 지나다녔다. 인당 400~500장의 연탄을 날랐다. 수백 장의 연탄을 나르다 보니 종아리가 쑤시고 허리가 아팠다. 하지만 마음만큼은 뿌듯했다. 내가 나른 연탄이 누군가에겐 큰 도움이 됐을 거로 생각했기 때문이다.

연탄 봉사를 하면서 수많은 슬레이트 지붕 집을 보게 됐다. 참 많은 생각이 들었다. 한창 우리나라가 고도성장을 할 때 초가집에서 슬레이트 지붕인 집으로 바뀌었다고 알고 있다. 그러나 2020년에도 그런 집에 사시는 소외계층이 많다는 게 안타까웠다.

연탄 봉사를 계기로 나는 소외계층에 도움이 필요하다는 걸 깨달았다. 그리고 그런 분들을 도와주고 싶었다. 그래서 소외계층 무료 집수리 자원봉사단체 '희망의 러브하우스'에 후원하기 시작했다. 지금은 회사도 옮겼고, 연탄 봉사는 그저 추억으로 남아 있게 됐다. 하지만 연탄 봉사를 했을 때의 뿌듯함을 기억하며 훗날 남에게 도움이 되는 일을 하리라 다짐하며 살고 있다.

건설회사 전산팀에 재직 시 나는 PC 관리 업무를 담당했다. PC 관리 업무로는 전산기기 관리, PC 오류처리가 있었다. 이 업무는 보통 막내 직원에게 주어지는 업무로 잡일이 대부분이었다. 회사에서 PC에 문제가 생기면 보통 내게 문의하곤 했다.

문제가 생겼다고 해서 PC를 확인하러 갔을 때, 멀티탭 전원을 안 켜놓은 사람도 있었다. 그러고선 PC가 안 된다고 짜증을 냈다. 이런 어이없는 일 외에도 연세가 있으신 차장님, 부장님들은 컴퓨터를 다루는 데 능숙하지 않으시다 보니 내가 A부터 Z까지 다 해드려야 했다. 나는 PC 관리 업무가 전사 PC를 관리할 수 있는 중요한 일이라 생각하고 최선을 다했다.

일하다 보면 현장에 계신 분들로부터 다양한 PC 문의를 받곤 했다. 문의를 받다 보면 현장의 열악한 업무환경을 알게 된다. 현장에서는 실행률을 낮추기 위해 새 PC 구매를 최대한 지양하곤 했다. 그런 만큼 오래된 PC를 쓰는 곳이 많았다. 10년 지난 19인치 정사각형 모니터가 현장에 많았는데 CAD 같은 도면프로그램을 쓰기엔 해당 모니터는 최악이었다. 현장에서 내게 이러한 문제로 불편함을 호소하는 건 당연한 일이었다.

시스템 유지보수도 유지보수지만 나는 시스템을 뒷받침할 하드웨어가 좋아야 업무도 잘할 수 있다고 생각했다. 나는 직원들의 업무효율을 높이는 것보다 그들이 불편해하지 않았으면 하는 바람이 더 컸다. PC 관리를 담당하면서 조금이나마 직원들을 도와주고 싶었다.

당시 전사적으로 원가절감을 강조했었는데, PC 업무로도 충분히 이것이 가능할 거로 봤다. 여러 현장의 관리직원들을 통해 나는 전산기기 구매 실태를 파악하기 시작했다. 여러 현장에서 공통으로 보이는 현상이 있었다. 회사에서 단가 계약한 모니터를 잘 구매하지 않는 것이었다. 모니터 크기 대비 가성비가 떨어져서 이를 사지 않고 인터넷으로 최저가 모델을 구매하는 것이었다. 가히 충격적이었다.

이를 바탕으로 다음 단가 계약 때는 추가지출을 줄이면서 업무효율을 높일 수 있도록 모델 선정을 신중히 했다. 모니터의 경우, 불필요한 고급 기능을 빼고 기본 스펙과 크기에 초점을 맞췄다. 기존 계약금액보다 저렴하며 크기는 24인치에서 27인치까지 구매할 수 있도록 했다.

이 외에도 직원들이 일하는 데 불편함이 없도록 업그레이드된 전산 기기들을 선정했다. 결과는 성공적이었다. 기존보다 향상된 전산기기를 보고 여러 현장에서 PC, 모니터에 대한 수요가 40%가량 늘었다. 또한, 바뀐 모델로 업무효율이 높아졌다는 긍정적인 피드백까지 받을 수 있었다.

과거에 우리 부서에서 PC 관리 업무가 커리어에 도움이 되지 않는다고 퇴사한 직원이 꽤 있었다. PC 관리를 하면 IT 분야의 커리어가 망가진다 생각했기 때문이다. IT 분야에서 커리어를 쌓으려면 네트워크, 서버, 개발 업무 등 어느 특정 분야에서 실력이 있어야 한다. 그러나 PC 관리는 이도 저도 아닌 잡일이라 커리어에 큰 도움이 되진 않는다.

그럼에도 내가 PC 관리 업무를 통해 직원들을 도와주려 했던 건 스스로 이 업무가 가치 있다고 느꼈기 때문이다. 나는 현장 직원들에게 도움되는 것에 큰 가치를 뒀다. 그러다 보니 회사에도 기여하고 스스로 큰 보람을 느낄 수 있었다.

세상에는 나보다 힘든 사람이 훨씬 더 많다. 이는 나 자신이 언제나 누군가에게 희망이 되어줄 수 있고, 가치 있는 일을 할 수 있다는 뜻이기도 하다. 우리는 도움이 필요한 이들에게 자신의 것을 베풀 때 행복을 느낄 수 있다. 가치 있는 일을 할 때 마음이 더 행복하며 내가 알고 있는 지식, 경험, 내 위치를 통해 더 남을 신경 써주고 애쓰는 나 자신을 발견할 수 있을 것이다. 독일 출신의 스위스 소설가 헤르만 헤세의 명언이 떠오르는 시점이다.

"주는 것은 받는 것보다 행복하고, 사랑하는 것은 사랑받는 것보다 아름다우며, 사람을 행복하게 한다."

안정적인 인생이 꼭 행복할 거라는
고정관념 버리기

내가 약대 편입시험을 준비했던 이유는 약사가 전문직이라는 장점을 갖고 있어서였다. 전문직은 일반 직장인보다 고소득을 올릴 수 있으면서도 안정적이다. 게다가 당시 나는 학과 생활에 대한 막연한 불안감까지 가졌던 만큼 망설이지 않고 시험을 준비했었다.

내가 스물네 살에 느꼈던 불안은 자연스러운 감정이라는 것을 시간이 지나고서 깨닫게 됐다. 그러나 그때는 불안을 자연스레 받아들이지 못하고 그 불안이 해결됐으면 하는 조급함이 앞섰다. 또한, 돌이켜보면 나는 약대 편입시험을 한두 번 응시해보고 안되면 그만두자는 생각이 기저에 있었던 것 같다. 그런 마음가짐으론 뭘 해도 안 됐었는데 말이다.

약대 편입을 준비하기에 앞서 스스로 몇 가지 질문을 던졌어야 한다. '내가 왜 이 공부를 해야 하는지? 약사가 되려는 목적은 무엇인지?' 등등. 내게 이러한 질문을 던졌을 때 확실한 답이 나왔어야 했다. 애초에 내 내면으로부터 그 답들을 찾지 못한 채 시험을 준비했으니 실패는 당연한 결과였으리라. 꿈이 없는 사람일수록 안전한 곳을 찾게 된다. 나는 섣불리 안전한 곳을 찾으려다 아까운 2년이란 시간을 허비했다. 마땅한 대안이 없거나 막연한 불안감 때문에 안정에 기대어 시험 준비를 시작하면 안 된다.

20년 전까지만 해도 '사'자 직업을 가지면 안정적으로 고소득을 누릴 수 있었다. 그러나 이젠 아니다. 약사를 예로 들어보자. 개국약사가 되기 위해선 개국할 약국 위치 선정을 잘해야 한다. 여러 병원이 있는 곳이면 약국이 반드시 근처에 하나씩 있다. 그러나 기존에 약국이 있더라도 손님을 조금이라도 유치할 수 있다면 약국이 추가로 주변에 생긴다. 그러다 보면 그 지역에 있는 약국 간 치킨게임이 시작되는 것이다.

갓 약대를 졸업한 사람이 약국을 개업하려 해도 쉽지 않다. 이제는 100세 시대라 과거에 개국하신 약사님들이 쉽게 약국을 그만두지 않으신다. 즉, 약국의 포화 시대가 왔다는 뜻이다. 한 지인을 통해 들은 약국 개업 이야기는 내게 적잖은 충격을 줬다.

한 빌딩에서 장사 잘되는 큰 약국이 같은 빌딩 내 공실인 곳에 약국이 들어오는 것을 막기 위해 미리 그곳을 선점했다는 것이다. 이는 치킨게임에서 우위를 선점할 수 있다고 판단한 큰 약국 주인의 전략이었다. 안정적이라고 하는 전문직들도 이런 싸움을 해야 생존할 수 있다는 사실이 놀라웠다.

전문직이라고 모두 돈을 잘 버는 것은 아니다. 손님으로서 전문직을 대하는 우리의 모습을 한번 생각해보자. 치과를 가더라도 치과 선생님 실력이 좋아야 그 치과에 계속 가게 된다. 실력 없다면 그 치과는 한번 간 이후 절대 가지 않는다.

우리 아빠도 이가 안 좋으셔서 임플란트 치과를 여러 군데 알아보셨다. 처음엔 시간적인 여유가 없어서 집 근처에 있는 아무 임플란트 전문 치과에서 치료받으셨다. 그런데 치료를 받고 자주 잇몸이 아파지니 이내 마음을 바꾸셨다. 좀 더 잘하는 치과에서 치료받기로 마음먹으신 것이다. 지금은 지인 수소문 끝에 찾아낸 실력 좋은 치과에서 임플란트 치료를 받으신다. 그곳이 집에서 멀리 떨어져 있는데도 말이다. 전문직이 안정적이라는 말도 옛말이 됐다.

영국에서 프랑스로 이동하기 위해 사람들은 '유로스타'라는 고속 열차를 이용하곤 한다. 이는 영국과 유럽대륙을 오가는 열차다. 유로스타를 타면 영국에서 프랑스까지 2시간 30분 만에 도착한다. 대학생 때 유럽에 가기 전, 한국에서 기차표를 예매하면서 해저터널을 통해 이동하는 유로스타를 탄다는 게 너무 신기했다. 내겐 유로스타가 국경을 넘어 이동해서 타는 최초의 기차였기 때문이다.

유럽에 도착해서 처음 영국을 여행했다. 영국에서의 일정을 마치고 프랑스로 이동하는 날이 됐다. 여느 때처럼 아침 7시에 기상해서 숙소에서 제공하는 아침을 먹었다. 9시에 출발하는 기차라서 '30분 전까지 기차역에 도착하면 되겠지'라는 생각으로 마음껏 여유를 부렸다. 그러면 안 됐었는데 말이다.

나는 매번 동네에서 동네로 이동하는 기차만 탔었다. 그러다 보니 국경을 넘어가는 기차도 이전에 내가 탔던 기차와 동일한 루틴일 줄 알았다. 그러나 그건 착각이었다. 국경을 넘어가는 열차다 보니 비행기 수속 절차 밟는 것처럼 기차도 비슷한 수속 절차가 있었다. 최소 1시간 전에 역에 도착했어야 했다. 설상가상으로 당일 출근길 지하철이 지연되는 바람에 30분 전에 도착하려던 일정도 일그러졌다.

결국, 나는 파리행 기차를 놓쳤고 다음 기차를 위해 2시간을 더 기다려야만 했다. 유럽까지 와서 2시간을 허무하게 보내 미친듯한 허탈감이 몰려들었다. 때론 내가 여유를 부리고 안정적으로 생각하던 순간도 의도치 않게 상황이 전개될 수 있다는 걸 그때 처음 깨달았다.

회사 지인을 통해 직업이 치과의사인 분의 이야기를 들은 적이 있다. 치과의사지만 자기계발을 위해 한 달에 10권 넘는 책을 읽고, 부자들과 어울리며 부동산에 투자하고 생각의 크기를 키우면서 살고 계신다. 이분도 처음엔 사회에서 만난 사람들과 어울리는 게 불편하셨다고 한다. 하지만 부자들과 어울리며 그들과 생각을 공유하면서 함께 지내는 사람이 중요하다는 것을 깨달으셨다고 한다.

이분은 수도권보다 지방에서의 치과 개업을 선택하셨다. 또한, 치과를 운영하면서 여러 사업까지 병행하셨다. 지방이라 서울보다 기회 요소가 많은 점에 포착해서 지방에 잘 없는 콘셉트의 카페와 편의점을 통해 추가적인 파이프라인을 구축하신 것이다.

이분을 보며 회사에서 주는 월급에 안주하는 나 자신을 돌아보게 됐다. 처음에 나는 '전문직은 본인 직장만으로 먹고살 만하니까 부가적인 일은 할 필요가 없지 않을까?'라고 생각했다. 그러나 이분은 전문직이지만 현재에 안주하지 않고 더 열정적으로 사셨다. 이분의 사례로 인해 내 고정관념의 많은 지각 변동이 생겼다.

외삼촌은 경남 남해군 상주은모래비치에서 펜션을 운영하신다. 상주은모래비치는 2km에 이르는 반월형 백사장과 더위를 피할 수 있는 송림의 조화가 어우러진 남해의 유명한 해수욕장이다. 경관뿐만 아니라 전국 3대 기도도량 중 하나인 보리암이 자리한 금산을 단 하루 코스로 다녀올수 있어 관광객들의 발걸음이 끊이지 않는 곳이다.

여름휴가 시즌에 마침 외삼촌 펜션에 숙소가 한자리 남는다고 해서 우리 가족은 외할머니를 모시고 외삼촌의 펜션에서 여름휴가를 보내기로했다. 우리 가족은 KTX를 타고 진주역에 도착한 후 렌트카를 타고 펜션에 도착했다. 펜션을 둘러보면서 우리 가족은 여러모로 탄성을 자아냈다. 외삼촌의 펜션은 예전 여인숙을 개조해 만든 아날로그식 펜션이었기에 독특함이 묻어있었다. 또한, 펜션 앞엔 바리스타가 운영하는 커피 가게가 있어 맛 좋은 커피를 수시로 즐길 수 있었다.

펜션에서 5분만 걸어가면 상주은모래비치가 있었다. 잔잔한 물결과 아름다운 모래 그리고 큰 소나무가 우거진 숲 밑에 있다 보면 나도 모르게 여유로움이 생기는 기분이었다. 이곳에 있다 보니 이번 휴가만큼은 조용히 상주은모래비치에서 나 혼자만의 시간을 갖고 싶었다. 그래서 가족들이 움직일 때 따로 잠도 푹 잤고, 외삼촌이 소유한 패들보드를 빌려 바다에 나가 신나게 놀기도 했다. 패들보드를 타면 열심히 노를 저어야 앞으로 가는데 문뜩 가만히 바다 위에서 아무것도 안 하고 있어 보고 싶다는 생각이 들었다.

당연히 바다 위에 떠 있다 보니, 가만히 있어도 패들보드는 어디론가 흘러갔다. 가만히 바다 위에 있고 싶었는데 그러지 못하자 근처에 있는 부표를 하나 부여잡게 됐다. 그런데 지속적인 흔들림으로 부표를 세게 부여잡지 않으면 그마저도 놓칠 것 같았다. 그 순간, 머리를 한 대 맞은 것처럼 깨달음이 떠올랐다. '바다 위에서 가만히 있으려고 하는 게 우리가 안정적인 인생을 살려고 발버둥 치는 느낌과 뭐가 다른가?'라는 것을 말이다.

우리의 인생은 고정된 바닥보다는 흔들리는 바다와 같다. 우리는 바다에 가만히 있고 싶어 하는 소위 '안정된 삶'을 원한다. 하지만 인생은 안정된 삶을 가만 내버려 두지 않는다. 비바람, 파도는 끊임없이 바다 위에 떠 있는 우리를 흔들고 또 흘러가게 한다. 삶에 안정적이라는 것은 없다. 일시적으로 안정적일 순 있지만 영원하진 않다. 언제 어떻게 흘러갈지 모르는 게 우리 내 인생인 만큼 우리는 명심해야 한다. 인생은 곧 안정이라는 고정관념을 버려야 한다는 것을 말이다.

꿈을 향한 계단 하나를 올라갈 때마다
진짜 나를 만날 수 있다

"말하는 대로 말하는 대로, 될 수 있단 걸 눈으로 본 순간 믿어보기로 했지…"

MBC 〈무한도전〉 서해안 고속도로 가요제에서 유재석과 이적이 '처진 달팽이'라는 팀으로 만든 '말하는 대로'라는 노래에 나온 가사다. 나는 과거에 힘들고 눈물 날 때 혼자 코인노래방에 가서 이 노래를 부르곤 했다. 힘들지만 말하는 대로 될 수 있다는 가사가 내게 항상 힘이 됐기 때문이다. 하도 이 노래를 불러서였을까? 희망을 말하다 보면 언젠가 힘든 상황도 이겨낼 수 있을 거란 굳건한 믿음이 내 안에 자리 잡았다.

나는 드림노트를 한 권 갖고 있다. 내 드림노트에는 이루고 싶은 꿈과 목표들이 적혀있다. 드림노트를 보다 보면 내 꿈과 목표들이 많이 이뤄진 걸 알 수 있다. 이는 종이에 적는 대로 이뤄짐을 믿기 때문 아닐까? 심지어 나는 미래에 만나고 싶은 내 배우자의 조건까지도 노트에 적어놨다. 그렇게 하면 정말 그런 사람을 만날 것 같아서다. 이 부분은 앞으로 계속 지켜볼 예정이다.

한동안 나는 드림노트에 꿈을 적지 않았다. 이직에 성공해서 새 직장에 적응하기 바빴기 때문이다. 직장에서 혼나거나 안 좋은 일이 있을 때면 주로 일기를 썼다. 일기장에는 내 문제점과 그 문제의 보완점들을 주로 담았다. 그 외에 내 머릿속을 가득 채우고 있던 당시의 내 생각을 쓰기도 했다. 하지만 회사에서 이루고 싶은 꿈이 없었던 만큼 드림노트에 적을 것도 없었다.

회사생활은 끊임없는 인내의 연속이었다. 나는 자잘한 실수가 많아서 수시로 회의실에 불려가서 삼십 분 이상 상사의 잔소리를 듣곤 했다. 업무 처리를 잘하면 아무렇지 않게 넘어갔다. 하지만 조금이라도 상사 마음에 들지 않으면, 어김없이 회의실로 불려갔다. 아니, 끌려갔다. 진실의 방으로….

그뿐만 아니라, 우리 팀은 일주일에 한 번 이상 회식을 하곤 한다. 회식 일정은 퇴근 5분 전에 항상 갑작스럽게 정해진다. 그런 만큼 나를 포함한 우리 팀원들은 평상시에 개인 약속을 잘 잡지 않는다. 이런 일련의 과정을 겪고 나니, 회사에 다니다 미쳐버리겠다는 생각이 절로 들기 시작했다. 그렇지만 어쩌겠는가? 생계유지를 위해서는 어쩔 수없이 회사에 나가야 하는 것을…. 그런데 직장생활에 적응하려고 노력할수록, 자꾸 강연이란 꿈이 새록새록 생겨났다.

나는 다시 드림노트를 펼쳤고, 내 목표를 다시 고민하기 시작했다. 그러던 중 우연히 김태광 대표의 저서 《10년 차 직장인, 사표 대신 책을 써라》라는 책을 읽게 됐다. 책 속에는 '성공해서 책을 쓰는 것이 아니라, 책을 써야 성공한다.'라는 문구가 적혀있었다. 또한, 작가가 되면 강연가, 코치, 컨설턴트 사업가로 활동 영역을 넓힐 수 있다는 내용도 있었다. 나 같은 일반인도 강연할 수 있겠다 싶었다. 그렇게 내 드림노트에는 또 다른 목표가 적혔다. '책을 써서 작가가 되고, 강연의 기회를 살려 제2의 커리어를 쌓는다.'

그러자 이젠 도저히 더 미룰 수 없으리라 싶었다. 나는 책을 쓰리라 결심하고 《10년 차 직장인, 사표 대신 책을 써라》의 저자 김태광 대표님을 만나기 위해 〈한국책쓰기강사양성협회(이하: 한책협)〉의 문을 두드렸다. 김태광 대표님은 〈한책협〉에서 무려 1,100명이 넘는 사람들을 작가로 만들었다. 또한, 국내 최고의 책 쓰기와 출판 노하우로 '출판 가이드 시스템' 특허를 취득하셨고, 개인 저서 290권에 수강생들의 책들까지 포함한다면 1,400권에 가까운 책을 기획, 집필하셨다. 책 쓰기에서 이 분을 따라올 자가 없다는 생각이 들었다. 나는 내 전부를 걸고 〈한책협〉에서 책을 쓰기로 마음먹었다.

〈한책협〉에서는 책 쓰기 과정뿐만 아니라, 1인 창업과정, 강연과정, 온라인 마케팅 과정 등 성공으로 나아가는 길을 알려준다. 또한, 성공자 마인드를 갖기 위한 의식 개선을 유독 강조한다. 그래서인지 〈한책협〉에서는 앞서 성공한 사람들의 의식을 배울 기회가 많다. 같은 꿈을 꾸는 작가들끼리 생각을 공유하는 기회도 많다. 책을 써서 성공하고 싶다면 〈한책협〉에서 빠르게 배우고 작가가 되길 바란다.

내가 책 쓰기 과정 강의를 들으면서 생겼던 일이다. 위닝북스 출판사 권동희 대표님께서 내 책 주제를 보시더니 예전의 자기 모습이 생각난다고 했다. 그리고 이렇게 자신의 과거 이야기를 들려주셨다. 권 대표님은 사회초년생 때 꿈을 주제로 책을 썼고, 그 책을 바탕으로 여러 강연을 다니셨다고 했다. 여상 졸업이라는 핸디캡에도 이화여대를 비롯해 전국에 퍼져 있는 롯데백화점 문화센터에 강연하러 다니셨다고 했다. 심지어 자신의 모교로부터도 강연 초청을 받았다고 했다. 권 대표님은 모교에서의 강연 이야기를 스쳐 지나가듯 말했지만, 난 그 이야길 바로 드림노트에 적었다.

대학교나 백화점 문화센터에서의 강연은 책을 쓰면 충분히 일어날 수 있는 일이라고 생각했다. 그런데 모교에서의 강연은 내게 또 다른 느낌으로 다가왔다. 모교에 대한 애정이 넘쳐나서 그런 건 아니다. 모교는 내 과거와 당시의 내 생각이 묻어있는 장소이기 때문이다.

그런 곳에서의 강연이라니! 향수를 자극하기에 맞춤한 일이다. 동시에 어릴 적 내 또래와 같은 이들에게 영감을 불어넣어 줄 좋은 기회다. 만약 모교에서 강연할 기회가 생긴다면, 나는 온 힘을 쏟아 강연할 것이다. 마치 어릴 적 내게 미래의 내가 충고하는 느낌으로 말이다.

〈한책협〉을 만나고 내 드림노트에 적히는 꿈만 늘어나는 건 아니었다. 내 의식의 폭 또한 넓어졌다. 잘못된 과거의 내 의식들이 개선됐고, 더 많이 상상하게 됐다. 일례로 '진짜 부자들의 돈 쓰는 법'이란 의식특강을 듣고 나는 급격한 의식 전환을 경험했다.

나는 중고 제품을 선호했었다. 유명한 브랜드 제품을 가성비 있게 살수 있다는 짜릿함에 학생 때는 중고 제품을 많이 찾았다. 그러다 보니 성인이 된 지금까지도 그 습관을 버리지 못했다.

심지어 책 쓰기 과정에서 내 주제와 유사한 경쟁도서를 구매할 때도 중고를 택했다. 그런 내게 김태광 대표코치님과 권동희 대표님께서는, 이는 작가가 될 사람의 마인드가 아니라고 따끔하게 충고해주셨다. 이러한 일련의 과정을 통해 부자가 되려면 부에 대한 욕망을 가져야 한다. 내 욕망이 중고 제품처럼 가성비 좋은 적정 수준만 돼서는 부자가 될 수 없다는 생각이 들었다.

의식특강을 듣고 집에 도착해서 내 방을 살펴봤다. 내 낡은 의식들이 방 곳곳에 묻어있었다. '의식을 바꾸지 않으면 계속 이렇게 살아야 하는구나'라는 생각이 들었다. 그렇지만 동시에 '나도 이제는 바뀔 수 있겠구나'라는 희망을 품을 수 있었다. 〈한책협〉을 통해 꿈을 찾아가고 있었기 때문이다. 이렇게 하나하나 바꿔 나가면 나도 성공자 마인드를 장착할 수 있을 거라 믿는다.

나는 나만의 드림노트를 갖고 있었지만, 노트에 적힌 꿈들은 현실적이고 소소했다. 그러나 같은 꿈을 꾸는 작가들과 꿈을 공유하면서 꿈의 크기가 커졌다. 예를 들어, 1년에 네 번 크루즈 여행을 한다는 건 이전까진 한 번도 상상해본 적 없던 꿈이다. 나는 나름대로 여행을 많이 다녔다고 생각했었다. 가족끼리 국내뿐만 아니라 해외여행도 많이 다녔고, 혼자서도 해외여행을 다닐 만큼 다녔다고 생각했다.

그러다 '더 여행 갈 필요가 있을까?'라는 생각이 든 찰나에 나는 크루즈 여행을 알게 됐다. 그리고 크루즈 여행이 여행의 끝판왕이라는 것도 알게 됐다. 크루즈 여행을 가고 싶은 욕망을 갖게 됐고, 이를 기반으로 꿈을 향해 더 열심히 전진하고자 다짐했다.

직장에서 ERP, 그룹웨어, PC 업무 등의 전산 업무만 하던 나는 나다운 꿈을 이루기 위해 책을 쓰기 시작했다. 그 과정에서 같은 꿈을 공유하는 예비 작가님들을 만났다. 그들과 꿈을 공유하면서 서로 응원해주다 보니 꿈의 크기도 커질 수 있었고, 가슴도 뛰기 시작했다.

그동안 남들에겐 감추고만 있던 내 꿈들을 마음껏 얘기할 수도 있었다. 그 과정에서 내가 무엇을 원했고 앞으로 어떻게 되고 싶은지 점차 선명해졌다. 내 꿈을 이루기 위해 책을 쓰고 어떻게 의식을 개선해야 하는지부터 강연가가 되기 위해 배워야 할 교육까지 모든 시간이 내겐 의미 있었다. 꿈을 이뤄가는 이 모든 시간 속에 진짜 나를 만날 수 있었다.

희망이 없는 현재는
무기력한 삶

약대 편입시험(PEET)은 보통 8월에 예정되어 있다. 시험일로부터 약 한 달 후에 시험성적표가 나오고 11월에 약대 정시모집이 시작된다. 다들 본인의 피트 성적을 바탕으로 약대 합격전략을 세우곤 한다. 대학입시와 유사하게 약대마다 입시 특징이 있다. 입시에 따라 약대는 정량평가 위주인 약대와 정성평가 위주인 약대로 나뉜다.

피트 성적을 위주로 지원자를 뽑는 대학이 있는가 하면 자기소개서나 학생부 등으로 지원자를 뽑는 대학도 있다는 뜻이다. 피트 성적이 좋은 사람은 정량평가를 하는 약대 위주로 지원하고, 피트 성적이 좋지 않거나 애매한 사람은 정성평가를 하는 약대에 지원하곤 한다.

나는 피트 성적이 좋지 않은 편이었다. 만약 피트 성적만으로 약대에 지원해야 했다면, 나는 진작 약대 진학을 포기했을 것이다. 그러나 정성평가를 하는 약대가 있어서 나는 마지막까지 희망의 끈을 붙잡을 수 있었다. 오로지 정성평가를 하는 약대만이 답이라고 생각했다.

다시 가슴이 뛰기 시작했다. 약대 합격의 희망을 품고 나는 다시 열정적으로 공부하기 시작했다. 마치 내가 처음 약대 편입을 준비했을 때처럼 말이다. 약대에 지원하려면 토익 성적이 필요했다. 토익 점수가 높으면 높을수록 좋은 만큼 나는 열심히 토익을 공부했다. 열심히 공부한 결과 토익 900점을 넘길 수 있었다.

영어 성적이 높다고 약대에 합격할 수 있는 건 아니었다. 자기소개서도 잘 써야 했고, 면접 준비도 잘해야 했다. 약대에 지원하기 위해 자기소개서를 써야 했는데, 처음 자기소개서를 써본 만큼 내용 구성이 좋지 못했다. 답답한 마음에 학교의 진로취업센터에 계신 담당 선생님께 내 자기소개서를 검토받기도 했고, 글 잘 쓰는 친구에게 도움을 요청하기도 했다.

면접 준비를 위해서도 열심히 노력했다. 컴퓨터학과 출신인 나를 약대에 어필하기 위해 컴퓨터 학문과 약학이 연관된 내용까지 공부하려 했다. 그러나 이와 관련해 어떤 학문이 있고, 그 학문의 현주소는 어떤지 나는 아무것도 모르는 상태였다.

인터넷을 통해 나는 해당 분야의 전문가를 찾기 시작했다. 그러다 연세대 의대에 한 교수님을 알게 됐다. 용기를 내어 나는 교수님께 인터뷰 요청 메일을 보냈고, 교수님은 이에 흔쾌히 응해주셨다. 인터뷰가 끝나고 교수님께서는 내게 꼭 연세대 약대에 합격하라는 말과 함께 여러 조언을 해주셨다. 나는 꼭 연세대 약대에 붙겠다는 너스레를 떨며 교수님께 감사 인사를 드렸다.

약대에 지원서를 넣고 한 달 동안 학원에서 면접 수업을 들었다. 그러던 중 한 선생님의 수업을 인상 깊게 들었고, 그 선생님께 상담받고 싶은 생각이 들었다. 기회를 보던 중 선생님께서 자신이 운영하는 인터넷 카페를 알려주셨다. 그러면서 카페 활동을 열심히 한 사람을 선정해 1:1 컨설팅을 해주겠다고 얘기하셨다.

상담을 통해 약대에 붙을 가능성이 커진다면 뭐라도 해야 했다. 그때부터 카페 활동을 미친 듯이 하기 시작했다. 올라오는 게시글 확인은 물론 매일매일 게시글을 올려서 추천도 많이 받았다. 결국 나는 1:1 컨설팅 대상자에 포함되어 해당 선생님께 여러 자문을 구할 수 있었다. 약대에 합격할 수 있는 일말의 희망이 있던 만큼 나는 내가 할 수 있는 노력은 다했고 말할 수 있었다.

뒤늦게 깨달은 사실이지만 정성평가를 하는 약대는 나름대로 지원자를 뽑는 기준이 있었다. 과학고 출신 또는 학력이 좋지만 피트 성적이 좋지 않은 인재를 정성적으로 평가해서 뽑겠다는 기준이 숨어있었다. 그런 사실도 모르고 난 야무지게 내가 지원한 약대에 합격하는 상상을 했다. 자기소개서를 쓰고 면접을 준비하는 동안 행복했었다. 여러모로 최선을 다했지만, 결과는 불합격이었다. 하지만 후회하진 않는다. 오히려 약대에 붙을 수 있다는 희망이 없었다면 이 정도 용기를 내서 열심히 면접을 준비했을까 싶었다. 돌이켜보면 멍청하기 짝이 없던 나였다. 그러나 희망을 품었던 그 시간 속에서 열정적인 나를 만날 수 있었다. 희망이 있었기에 그때를 열심히 살 수 있었다.

대한민국 남자들이면 누구나 군대에 다녀온다. 그러다 보니 전역한 사람들이 공통으로 주장하는 게 있다. 자신이 근무했던 부대가 대한민국에서 가장 힘든 곳이라는 것이다. 자신이 가장 많은 훈련을 했고, 선임들은 악마 같은 존재였고, 자신이 속한 부대 내의 부조리가 심했다 등등. 힘들었던 자신의 군대 얘기를 많이 하곤 한다.

그래서일까? 군대 안에서 희망이라는 단어를 떠올리면 휴가, 제대가 가장 먼저 떠오르곤 한다. 군인으로서 자유를 만끽하고 싶은 생각이 가장 많이 들기 때문이다. 물론 나도 비슷한 생각을 했었다. 그렇지만 군 복무할 당시 나는 산악행군을 하면서 '희망'이란 게 무엇인지 몸소 체험할 수 있었다.

두 달간의 훈련소 생활을 끝내고 나는 105미리 견인포병부대로 배치받았다. 군에 입대하기 전에 개인이 특기병을 따로 신청하지 않으면 보통 자신의 학과에 맞춰 특기가 부여되는 경우가 있다. 내 경우 컴퓨터학과 출신이다 보니 통신 쪽으로 분류됐다. 통신 분대에서도 나는 유선병 역할을 맡았다.

입대하기 전에 영화 〈라이언 일병 구하기〉를 본 적이 있다. 전쟁 통에 통신병이 거북이 등껍질처럼 보이는 야전선 통을 매고 다녔던 게 기억났다. 자대에서 특기를 받고 생각해 보니 영화 속 그 통신병이 했던 임무가 바로 내 임무였다. 선임들은 유선병이 힘들다고 얘기했지만 나는 만족하며 군 생활에 적응해 나갔다.

자대에 배치되고 두 달이 지났을 때였다. 당시 내가 속한 부대는 105미리 견인포를 끌고 여러 산을 돌아다니며 대대전술훈련을 했었다. 대대전술훈련 둘째 날 아침에는 산악행군이 예정됐다. 그 날따라 자욱하게 안개가 껴서 아침엔 제법 쌀쌀했다. 행군 전 막사에서 부대원들은 각자의 군장을 챙겼다.

상병, 병장들은 조금이라도 가볍게 행군하기 위해 모포나 야전삽같이 무거운 짐을 빼곤 했다. 하지만 나는 자대에 배치된 지 얼마 안 된 신병이라 그럴 수 없었다. 그렇게 나는 모든 짐을 다 넣어 25kg 군장을 완성한 채 훈련에 임했다.

행군을 시작하고 1시간 동안은 아무렇지 않았다. 그때까지는 길도 완만했고 아직 더 걸을 기운이 남아 있었다. 하지만 정상에 가까워질수록 점차 경사가 가팔라졌다. 한 걸음 한 걸음 발을 내딛기 어려워졌다. 설상가상으로 산을 오를수록 안개까지 더 심해졌다. 내 앞의 몇몇 사람까지만 보이고 그 앞은 잘 보이지도 않았다.

시간이 꽤 흘러 거의 다 왔다고 사람들이 소리쳤다. 그러나 이는 거짓말이었다. 그렇게 얘기하고 한참이 지났는데도 아직 걷고 있었기 때문이다. 25kg 군장을 메고 1,000m 되는 산을 오르는 게 내게 무리였던 걸까? 점차 나는 지치기 시작했다.

내가 지쳤던 이유는 안개가 자욱해 실질적인 정상을 볼 수 없어서였다. 힘든 상황 속에서 '좀만 더 가면 정말 정상에 도착할 수 있는 걸까?' 하는 의구심이 생겨났다. 그런 의구심은 정상에 올라갈수록 점차 커졌다. 결국, 나는 주저앉아버렸다.

정말 포기하고 싶은 생각이 굴뚝 같았다. 희망이 보이지 않았기 때문이었다. 몸이 힘들다 보니 점차 인내심이 바닥나기 시작했다. 결국, 정상에 가겠다는 의지 따위 아무런 상관없는 지경에 이르렀다. 그때 우리 분대 선임하사가 조용히 내 손을 잡으며 나를 일으켜 세웠다. 그리곤 힘들어하는 내게 이렇게 얘기했다.

"우린 이미 정상이야, 인마. 다 왔어. 저기 팻말 보이냐?"

선임하사는 정상 전 300m 팻말을 가리켰다. 뚜렷한 목표를 인지한 순간 다시 희망이 보이기 시작했다. 좀만 더 노력하면 드디어 정상에 도착할 수 있겠구나 싶은 생각이 들었기 때문이다. 기운을 차리게 된 나는 결국 정상에 도착할 수 있었다.

혹독한 산악행군을 하면서 작은 인생을 배웠다. 정상이란 희망이 보이지 않을 때 좌절감을 느꼈다. 하지만 정상이 가까워짐을 눈으로 확인했을 때, 다시 할 수 있겠다는 희망을 느꼈고 용기를 낼 수 있었다. 우리의 인생도 마찬가지라 생각한다. 막연한 미래를 기대하며 살아가면 열심히 살기 어렵다. 하지만 뚜렷한 미래를 떠올리고 생활하다 보면 아무리 현재 상황이 어렵더라도 열심히 살 수 있다.

희망은 그만큼 우리에게 중요하다. 희망이 없으면 현재를 열심히 살 수 없지만, 희망이 있으면 어려운 상황 속에서도 충분히 이겨 낼 힘이 생긴다. 요즘 많은 사람이 막막한 현실과 불안한 미래로 힘들어하고 있다. 하지만 힘든 현실 속에서 우리가 할 수 있는 가장 작은 일은 자신의 희망을 찾는 것이고, 가장 위대한 일은 그 희망 속에서 사는 것이다. 포기만 하지 않는다면 반드시 희망은 있다.

나는 지금 당신이 어떤 현실에 처했는지 알지 못한다. 어려운 상황 속에 있고 여러 이유로 인해 이 책을 선택해서 읽고 있을 거로 생각한다. 새벽이 오기 전 가장 어두운 시간에 있을지 모르는 당신에게 이 말을 꼭 전해주고 싶다.

"포기하지 말고 희망을 가지세요! 곧 날이 밝아온다니까요!"

공부만 잘하면
성공하는 시대는 끝났다

나는 외고를 졸업했다. 외고에서는 주변 친구 모두가 공부하는 분위기였다. 그런 분위기 속에서 좋은 성적을 받기 위해 모두 열심히 노력했다. 매일 아침 8시까지 교실에 들어와 밤 10시까지 학교에서 공부하는 생활이 반복됐다. 밤 10시에 학교 기숙사에 들어가서도 1~2시간 더 공부하고 잠들곤 했다. 물론 그러지 않은 친구들도 있었지만 말이다.

학교가 시골 외진 곳에 있어서 주변에 괜찮은 학원이 없었다. 그래서 아이들은 학원에 가기 위해 주말에 학교를 나왔어야 했다. 삼삼오오 같은 동네 친구들끼리 유명한 학원 선생님에게 단체 과외나 수업을 듣곤 했었다. 학원에 안 다니는 친구들은 자습실에서 PMP로 인강을 듣곤 했다.

주변에 열심히 공부하는 친구들이 많다 보니, 내겐 공부해야겠다는 동기부여가 저절로 됐다. 1학년 때 기숙사 룸메이트 중 전교 1등인 친구가 있었다. 이 친구는 시험 기간이 되면 4시간만 자면서 시험을 준비하곤 했다. 혹여 수업 시간에 졸리면 샤프심으로 허벅지를 찔러가며 잠을 깨우기도 했단다. 이런 얘기를 들으니, 열심히 공부를 안 하려야 안 할 수 없었다.

고3 때, 더 많은 공부 시간을 확보하기 위해 나는 새벽 6시까지 학교에 간 적이 종종 있었다. 아무도 반에 없으리라 생각하면서. 하지만 5명이 넘는 친구들이 이미 자리에 앉아 있었다. 전혀 예상치 못한 광경에 나는 친구들과 인사하며 멋쩍은 웃음만 지었던 기억이 있다.

공부 욕심이 다들 조금씩 있다 보니 성적에 다들 예민해 있기도 했다. 모의고사를 보고 성적이 나올 때면 등급, 등수 차이로 울고불고 이미 대학에 떨어진 것처럼 야단법석이었다. 수능을 치르고서 스스로 만족할만한 성적을 얻지 못해서 많은 친구가 재수를 선택했다. 그때 나는 알았다. 좋은 대학에 진학한 특목고 학생의 비율이 왜 높은지를 말이다.

외고를 졸업한 학생이 일반고를 졸업한 학생보다 특별하게 살아갈 거로 생각하는가? 그렇지 않다. 일부 특출나거나 자신만의 독특한 길을 찾은 친구를 제외하곤 별로 특별할 게 없다. 내 고등학교 동창들을 보면 대부분 평범한 직장인으로 살아가고 있다. 의대, 치대, 약대 등으로 진학해 전문직이 된 친구들을 제외하면 말이다.

전교에서 순위권이던 친구가 연대 경영학과를 졸업해서 건강보험공단에 다니고 있었다. 홍대 건축학과 나온 친구가 건설회사에 입사해 현장 근무를 하고 있었다. 연대 화학공학과 나온 친구가 반도체 회사에서 근무하고 있었다. 고등학생 때는 성적순으로 나뉘던 아이들이 회사원으로 통일되어버렸다.

좋은 대학에 가면 인생이 필 줄 알았다. 노력이라는 게 윤택한 삶을 어느 정도 보장해줄 거라 믿었었다. 그런 믿음으로 외고에 진학했고, 미친 듯이 공부하며 고등학생 시절을 보냈다. 그러나 외고를 졸업한 지 10년이 훌쩍 지난 지금, 나는 허무한 현실과 마주할 수밖에 없었다. 좋은 대학을 나와 최종 목표로 삼는 곳이 결국 대기업이나 공기업, 공무원이 대부분이 니 말이다.

물론 학벌이 좋으면 회사에 지원할 때나 승진할 때 도움이 될 순 있다. 그런데 '우리가 그 회사를 가기 위해 어릴 적부터 공부했던 건 아니지 않 나?' 하는 의구심이 계속 드는 것이다. 공부를 잘해도 회사원, 공부를 못 해도 회사원인데 공부해서 성공한다는 그 말을 누가 믿겠는가. 연봉의 차 이는 있을 수 있겠다. 그렇다고 경제적 자유를 이룰 정도의 차이는 아니지 않은가. 해를 거듭할수록 좋은 대학에 가면 성공한다, 공부하면 성공한다 는 말이 점차 부질없다고 느껴졌다.

공부만 잘하면 성공하는 시대는 끝났다. 학벌은 입사할 때는 중요할지 몰라도, 그 이후에는 점차 그 의미가 퇴색된다. 단지 조금 유리한 출발선 에 서게 해주는 것일 뿐이다. 본인의 가능성을 너무 학벌에 가둬두지 않 았으면 좋겠다. 오히려 꿈을 대하는 마음가짐, 열정, 의지 등이 더 성공 여 부를 판가름한다. 지금이라도 본인의 꿈과 꿈을 대하는 마음가짐을 생각 해보자. 그 성찰이 본인이 원하는 성공에 본인을 더 빠르게 가져다줄 것 이다.

중국 알리바바 그룹의 창업자이자 초대 회장인 마윈은 중국 최대 부호 중 하나다. 그의 하루 매출은 무려 25조다. 그러나 그러한 마윈에게도 안 타까운 과거가 있었다. 마윈은 어렸을 적부터 키가 작고 공부를 잘하지 못했었다. 초등학교에서 중요시험을 2번이나 낙제했고, 중학교에서도 중요시험을 3번이나 낙제했다고 한다. 고등학교를 졸업하고 대학입시에도 처음 실패했다고 한다. 그래서 그는 곧바로 취업을 준비했는데 매번 작은 키 때문에 퇴짜를 맞았었다.

그가 취업을 준비할 당시 동네에 KFC가 처음 입점해서 직원을 모집했다고 한다. KFC 직원모집에 24명의 지원자가 있었는데, 23명이 붙고 마원만 떨어졌다고 한다. 마원은 포기하지 않고 경찰이 되고자 경찰서에도 지원했다고 한다. 총 5명의 경찰 지원자가 있었는데 4명이 합격하고 마원만 떨어졌다고 한다.

그렇게 몇몇 직종을 전전하다가 실패한 마원은 다시 대학입시에 도전했다. 그러나 번번이 실패해 삼수까지 했다고 한다. 삼수 끝에 마원은 항저우 사범대학에 합격할 수 있었다. 하지만 그것도 실력이 좋아서라기보다 해당 대학에 결원이 생긴 덕분이었다. 공부를 잘하진 못했지만, 마원은 끝없는 좌절 속에서도 포기하지 않는 강인한 마음을 갖고 있었다. 그런 마음가짐으로 인생을 살다 보니 지금의 위치에 다다를 수 있었던 것이다.

우리는 하루가 다르게 유튜브 영상이 쏟아지는 시대에 살고 있다. 지하철을 타면 수많은 사람이 유튜브 영상을 시청하고 있다. 유튜브에는 수많은 채널이 있고 그 콘셉트도 매우 다양하다. 학벌과 상관없이 사람들에게 소소한 가치를 나눌 수 있다면 누구나 유튜버가 될 수 있다. 요즘엔 연예인보다 유명 유튜버가 사람들에게 인지도가 높다. 그래서 유명 유튜버를 오히려 방송국에서 초대하지 않는가.

모든 유명 유튜버가 처음부터 인기 있던 건 아니다. 다들 구독자 1명을 시작으로 수만 명이 되는 과정이 있었으리라. 다만 그들은 포기하지 않고 지속적으로 사람들에게 유용한 가치를 나눠줬기에 유명해진 것이다. 여러 유튜브 채널 중에 유독 애착 가는 채널들이 있다. '이 채널은 다른 채널보다 더 잘돼야 하는데 왜 아직 인지도가 없지?' 하는 그런 채널들 말이다. 내겐 유튜브 채널 '지피티'와 '새벽의 축구전문가 페노'가 그런 채널이었다.

지피티는 운동 겸 먹방 유튜버. 정확히는 운동 유튜버인데, 하도 라면을 맛깔나게 먹어서 오히려 사람들에겐 먹방 유튜버로 더 친숙하다. 지금은 구독자 90만 명이 다 되어가는 탑급 유튜버가 됐지만, 내가 이 채널을 볼 때 만해도 구독자 20만 명이 채 되지 않았다.

지피티는 학벌이 그리 좋은 편이 아니다. 그러나 운동에 대한 열정만큼은 누구에게도 뒤지지 않았다. 지피티가 타지에서 회사 생활하던 시절, 인터넷 플랫폼 〈아프리카〉에서 꾸준히 라이브 방송을 했다. 시청자가 없어도 방송을 켜고 운동하던 그의 모습이 큰 귀감이 됐다. 운동에 대한 열정이 없다면 그렇게 하지 못했을 거로 생각했기 때문이다.

나는 운동을 그리 열심히 한 편은 아니었다. 그래서 지피티가 더 멋져 보였다. 어떤 한 가지 일을 꾸준히 하는 사람은 반드시 그 분야에서 두각을 나타낸다고 믿는다. 지피티는 성공할 줄 알았다. 현재 그는 많은 사람에게 귀감이 되는 유튜버가 됐다. 그런 만큼 그의 채널 또한 계속 성장하고 있다.

'새벽의 축구 전문가 페노' 채널은 영국 프리미어리그, 프리메라리가, K리그 등 여러 대륙의 축구 리그를 다루며 경기를 분석해주곤 한다. 이 채널에서는 한 경기의 전체 구조와 흐름을 시각적으로 잘 표현해준다. 긴 호흡으로 경기 구조를 분석하는 편이라 영상 업로드는 늦어지는 편이긴 하다. 하지만 영상 하나하나의 퀄리티는 혀를 내두를 정도로 재밌다.

나는 축구에 관심이 있지만, 경기의 하이라이트 영상만 보는 정도였다. 하지만 이 채널을 알고서는 축구를 더 즐겁게 볼 수 있게 됐다. 경기에서 사용된 전술을 쉽게 알려주다 보니 축구를 보는 재미가 더 커졌다. 경기를 보며 어떤 전술로 경기가 흘러가는지가 조금씩 보였기 때문이다.

페노는 지방대 신문방송학과를 나왔다. 그러나 축구 경기의 전술과 흐름을 잘 캐치하는 그의 재능을 통해 많은 축구 팬에게 즐거움을 주고 있다. 나는 그가 'TV에 출연해서 축구 해설을 해도 되지 않나?'라는 생각도 들었다.

다행히 요즘은 다른 축구 유튜브 채널과 합동 방송도 하고 라이브 방송도 자주 켜며 점차 인지도를 높여가고 있어서 마음이 뿌듯하다. 그의 재능을 더 많은 사람이 알아줬으면 하는 바람이다.

요즘처럼 불안하고 치열한 경쟁 속에서는 그저 그런 스펙이 아닌 확실한 자기 브랜드가 있어야 한다. 브랜드의 핵심은 자신이 가장 잘하는 것, 그 한 가지에 집중해 자신만의 이야기를 들려주는 것이다. 그러기 위해서는 자신이 무엇을 제일 잘하는지, 자기가 뭘 할 때 행복한지를 알아야 한다. 자신만의 꿈과 목표가 분명해야 주위에서 다들 쌓는 스펙이 아니라 자신만의 이야기를 만들 수 있다. 더 이상 공부만 잘하는 시대는 끝났다. 이제는 스펙이 아닌 나다운 이야기를 만들어갈 때다.

사람은 자신이 꾸는
꿈을 닮아간다

내가 다니던 대학교엔 수강 신청 시스템이 있었다. 수강 신청 전 미리 어떤 과목을 신청할지 확인할 수도 있다. 또한, 듣고 싶은 과목들을 위시 리스트에 담아 수강 신청 날 전략적으로 신청하기도 한다.

대학교 졸업을 한 학기 앞두고 수강 신청과목을 살펴보던 중 나는 인상 깊은 교양과목을 발견했다. '스피치와 콘텐츠'라는 과목이었다. 과목 이름만 봐도 발표를 엄청나게 할 것 같은 느낌이 들지 않는가? 나는 그 느낌에 끌려 해당 과목을 위시리스트에 담았다.

그런데 수강 신청 날, 나는 큰 실수를 하고 말았다. 시작하는 시간보다 2초 늦게 수강 신청에 들어간 것이다. 온라인으로 수강 신청을 해본 사람들은 알 것이다. 한 번만 새로고침을 하거나 1초만 늦게 들어가도 대기 시간이 미친 듯이 올라가는 것을 말이다. 그래서 처음엔 이 과목을 신청하지 못했다. 5시간이 흐른 후에야 극적으로 수강 신청을 할 수 있었다. 마침이 과목에 한 자리가 남아 있는 걸 발견해서였다.

수업은 매주 프레젠테이션 주제를 정하고, 원하는 사람의 신청을 받아 발표하는 방식으로 진행됐다. '사형제도 폐지'를 주제로 수업이 진행되던 날, 나는 손을 들어 발표를 신청했다. 그렇게 나는 발표자로 선정됐고, 프레젠테이션을 준비하기 시작했다.

누군가는 프레젠테이션이 떨리고 두렵다고 하지만 나는 그렇지 않았다. 하지만 30명 정도 되는 학생들 앞에서 발표할 생각을 하니 가슴이 두근거렸다. 발표를 준비하면서 전공 수업 과제를 할 때와 다른 내 모습을 발견할 수 있었다. 나는 발표 스크립트를 작성해서 통으로 외웠다. 또한, 청중들에게 내용 전달이 잘될 수 있게 목소리의 강약 조절과 억양에 신경 쓰며 연습하기도 했다.

하도 연습하다 보니 스크립트는 너덜너덜해졌고, 자고 일어나도 발표 내용이 계속 머릿속에 떠오를 정도였다. 매번 이런 자세로 수업에 임했으니, 해당 과목에 A를 받을 수밖에 없었다.

나는 전공 과제를 수행할 때 '이걸 언제 끝내지?'라는 생각으로 했다. 그러나 발표를 준비할 때는 '이걸 어떻게 하면 잘할 수 있지?'라는 생각으로 했다. '스피치와 콘텐츠'라는 교양과목을 들으면서 나는 '내게 적합한 일'이 무엇인지 깨달을 수 있었다. 쉽게 설명하자면, 남들과 비교했을 때 '내가 이것보다는 잘할 수 있겠네'라는 생각이 들면 그건 본인과 맞는 일이다. 그렇지 않고 '내가 과연 이걸 할 수 있을까?' 싶은 생각이 든다면 본인과 맞지 않는 것이다. 본인에게 걸맞은 일을 찾고 싶다면 스스로 물어보라. 내가 저것보다는 잘할 수 있을지 말이다.

한창 약대 합격 발표가 나던 2016년 겨울이었다. 마지막으로 지원했던 삼육대 약대에 불합격하면서, 나는 약대 진학의 꿈을 완전히 접었다. '2년 동안의 노력에도 안 되는 건 어쩔 수 없구나'라고 생각하며 복학 신청을 했다.

그러고 난 어느 날, 고모 집에 놀러 갔다가 사촌 누나와 매형의 권유로 갑작스럽게 유럽 여행을 기획하게 됐다. 권유가 아니라 설득당했다고 보는 게 맞으리라. 사촌 누나는 학생 때 여행을 많이 안 가본 게 너무 후회된다며, 나보고 꼭 유럽에 가보라고 조언했다. 나는 학기가 시작될 때까지 3개월이나 남았고, 누나의 말에도 일리가 있다고 생각했다.

서울로 올라오자마자 바로 유럽에 갈 준비를 했다. 적금을 해지하고 비자카드를 만들었다. 비자카드 발급 후 이틀 만에 비행기 표를 끊었고, 일주일 뒤 런던행 비행기에 몸을 실었다. 그렇게 홀로 한 달간 유럽을 돌아다니게 됐다.

급하게 비행기 표를 끊은 만큼, 걱정도 많이 됐다. 오죽하면 내가 내 손톱을 물어뜯기 시작했을까? '과연 내가 혼자 타지에서 잘 지낼 수 있을까?', '내 물건을 도둑맞으면 어떻게 하지?' 등등 일어나지도 않을 일들을 미리 걱정하곤 했다. 그러나 그런 고민은 런던 히드로공항에 도착하자마자 싹 사라졌다.

나는 마치 고삐 풀린 망아지처럼 신나게 거리를 돌아다녔다. 보슬비가 내렸지만, 버킹엄 궁전에서 근위병 교대식을 구경하고, 트라팔가르광장까지 계속 걸어갔다. 그토록 보고 싶었던 뮤지컬 '오페라의 유령'도 관람

했다.

모든 것이 새로웠고, 내가 가보고 싶은 곳을 자유롭게 갈 수 있다는 사실이 너무 좋았다. 맨날 독서실에 앉아 공부만 하다가 유럽에서는 마음대로 돌아다닐 수 있어 더 그랬던 것 같다. 그때 깨달았다. '나는 가만있기보다는 움직여야 살아있음을 느끼는구나'라고. 새삼스레 나다운 모습을 알게 된 것이다.

나다운 모습을 발견한 건 런던에서만이 아니다. 프랑스 파리에서도 여러 박물관을 가볼 기회가 있었다. 이때 나는 세상에서 가장 유명한 루브르 박물관에 들어간 지 30분 만에 나왔다. 오르셰 미술관도 한 시간이 채 되지 않아서 나왔다. 오히려 피카소 박물관에서는 2시간 넘게 있다가 나왔다. 예상치 못한 일이었다.

희한해 보이는 피카소의 추상화들을 보면서 '과연 이 그림이 뭘 의미하는 걸까?' 고민했다. 그렇게 혼자 끊임없이 상상하고 생각한 후, 그림에 붙은 설명과 비교해봤다. 내겐 이런 과정이 재밌었다. 이는 내가 처음 알게 된 내 모습이다. 평소 전시회나 박물관에 잘 가지 않는 나였는데, 여행하면서 또 다른 내 모습을 발견하게 된 것이다.

평소 우리는 여행을 가도 함께 움직이거나 사람들과 부대끼느라 정작 자기 자신을 돌아볼 여유는 부족하다. 내가 유럽 여행을 다니면서 나다운 모습을 발견할 수 있었던 것은 홀로 여행을 다녔기 때문이다. 혼자 여행하면 본인 기호에 맞게 여행을 즐길 수 있다는 장점이 있다. 그러다 보니 본인이 좋아하는 걸 할 때 본인이 어떤 모습을 보이는지 관찰할 수 있다.

또한, 혼자 여행하면 즐기는 시간 외에 혼자 사색에 잠기는 시간도 많이 가질 수 있다. 그러면 스스로에 대한 성찰과 현재 자신이 무슨 생각을 하고 있는지 정리된다. 그러다 보면 자신도 몰랐던 자신의 모습을 선명히 알아갈 수 있다.

일생에 한 번쯤은 자기 자신을 알아가는 시간이 필요하다. 아직도 자신에 대해 잘 모르겠다면 홀로 여행을 가보라. 홀로 여행하며 휴식도 취하고, 자기 자신에 대해 알아간다면 이 얼마나 유익한 일이겠는가.

2021년의 무더운 여름, 여느 때와 다름없이 나는 유튜브 앱을 켜서 영상 리스트를 보고 있었다. 그때 '테드' 영상이 추천 영상으로 떴다. 낯익은 이름과 얼굴이어서 누군가 했더니 고등학교 동창이었다. 같은 반에서 함께 공부하며 좋은 대학교에 가기 위해 최선을 다했던 지난날들이 생각났다. 친구들을 통해 이 친구가 대기업에 입사했다고 들었었다. 하지만 테드에서 강연할 거라곤 꿈에도 생각하지 못했다.

당시 나는 직장을 다니면서 한창 직무 적성에 대해 고민 중이었다. 다니고 있는 직장 업무와 별개로 강연하고 싶다는 생각은 항상 했었다. 그러다가도 강연은 아무나 하는 게 아니라고 스스로 단정 지으며 현실에 파묻혀 살아왔다. 그때 이렇게 동창의 강연 모습을 보게 된 것이다. 새로운 감정들이 밀려왔다.

내가 그 동창을 보며 느낀 첫 번째 감정은 '부러움'이었다. 서른두 살에 유명인들이 서는 무대 위에서 강연하는 그녀가 너무나 부러웠다. 유명해진 그녀의 모습이 부러운 게 아니었다. 내가 막연히 꿈꾸던 모습을 그녀는 현실에 직접 재현하고 있었기 때문이다.

내가 느낀 두 번째 감정은 '떨림'이었다. 당시 나는 이 친구를 부러워하는 감정과 함께 설명하기 어려운 마음의 떨림을 경험했다. 가슴속 저 깊은 곳에 묵혀뒀던 감정이 수면 위로 올라오는 걸 느꼈다. 내 나이 또래가 강연할 수 있다는 사실 자체가 고무적인 일이었다. 이때를 기점으로 나는 내 꿈을 이루기 위해 작은 행동을 해나갔다. 일반인이 강연하기 위해서 무엇을 해야 하는지를 찾다가 이렇게 책까지 쓰게 됐다. 그렇게 나는 예전부터 내가 그려왔던 꿈에 다가가고 있었다.

자신의 꿈을 이루거나 성공하는 인생을 살고자 한다면 닮고 싶은 꿈을 붙잡고 믿어야 한다. 사람은 꿈을 닮아간다고 한다. 확고한 꿈을 가진 사람만큼 가슴 뛰는 스토리도 없다. 따라서 확고한 꿈으로 먼저 자기 자신을 감동시켜야 한다. 그래야 꿈을 향해 거침없이 나아가는 동인이 생겨나기 때문이다.

물론 때때로 자신이 꿈을 향해 가고 있는지 의구심이 들 것이다. 그때 앙드레 말로의 유명한 명언을 되새겨보자.

'오랫동안 꿈을 그리는 사람은 마침내 그 꿈을 닮아간다.'

부모가 아이를
진심으로 대하듯 꿈을 대하라

2003년 드라마 〈천국의 계단〉은 평균 TV 시청률 40%를 웃돌았던 화제작이다. 강렬한 드럼소리로 시작하는 인트로 노래 '아베마리아'가 이 드라마의 포인트였다. 드라마 속에서 아베마리아 노래가 들렸다 하면 알 수 없는 전율이 흐르곤 했다. 〈천국의 계단〉 주연으로는 권상우, 최지우, 신현준, 김태희가 있었고 OST 중에는 김범수의 〈보고 싶다〉가 있었다. 어마어마한 캐스팅과 노래로 이뤄진 드라마였던 셈이다.

중학교 1학년 때 이 드라마를 보면서 나는 배우 김태희의 매력에 푹 빠져버렸다. 김태희는 분명 드라마에서 악역으로 나오는데도 눈부신 미모가 내 눈길을 사로잡았다. 매번 나는 학원에서 돌아와 TV 앞에 앉아 〈천국의 계단〉을 시청하곤 했다. 드라마를 보면 볼수록 김태희를 좋아하는 내 마음은 커져만 갔다. 심지어 자다가 꿈에서까지 김태희가 나타나곤 했을 정도다.

너무 김태희를 좋아해서였을까? 김태희 얼굴을 실제로 보고 싶다는 간절한 소망이 생겼다. 어떻게 하면 김태희를 직접 볼 수 있을지 고민하다가 다음 카페에 무작정 '김태희'를 검색했었다. 검색해보니 생성된 지 얼마 안 된 김태희 팬클럽 카페(Fin.s)가 있었고 나는 바로 카페에 가입했다.

어느덧 시간이 흘러 드라마 〈천국의 계단〉이 종영했다. 그러고 얼마 지나지 않아 김태희 팬카페에 Fin.s 1기 팬미팅을 연다는 공지가 떴다. 당시 김태희의 인지도가 그리 높지 않은 편이어서 팬카페에 가입한 인원이 1,000명이 되지 않았었다. 나는 이때가 김태희를 볼 수 있는 절호의 기회라 생각했다. 가슴이 뛰기 시작했다. 팬미팅 비용을 카페 운영진에게 송금하고, 팬미팅 날짜가 오기만을 손꼽아 기다렸다.

팬미팅 날이 되어 나는 여의도로 향했다. 팬미팅은 한강에 정박된 유람선 안에서 진행됐다. 100명의 팬이 유람선 안으로 초대됐고 김태희를 광고모델로 쓴 의류업체 Rapido에서 팬들에게 소소한 선물을 나눠주기도 했다.

마침내 김태희가 팬미팅 장소에 모습을 드러냈다. 평소 너무 보고 싶던 연예인을 눈앞에서 실제로 본다는 게 믿기지 않았다. 심장이 미친 듯이 뛰기 시작했다. 김태희를 1m 앞에서 바라보며 나는 참 많은 생각을 했던 것 같다. 무엇보다 진심으로 무언가를 원하면 반드시 이뤄진다는 사실을 몸소 체험할 수 있었다.

대학교 1학년 1학기 기말고사가 끝나고 첫 방학을 맞이하게 됐다. 지금부터는 집에서 늘어져 있어도 되고 어딘가 놀러 가도 됐다. 하지만 계획 없인 제대로 놀 수 없었다. 방학 때 제대로 놀고 싶다면 나름의 목표가 있어야 했던 만큼 나는 방학을 어떻게 보낼지에 대한 큰 틀을 구상해 나갔다.

노트를 하나 펼치고 나는 크게 한 문장을 적었다.

'삼해 바다 돌아다니면서 놀기'

삼해 바다를 찍을 정도는 돼야 방학 동안 제대로 놀았다는 생각이 들 것 같았다. 그리고 진심으로 그렇게 놀 수 있기를 소망했다. 노트에 적은 대로 어떻게 하면 방학 때 잘 놀 수 있을지를 생각하다 보니 신기하게 하나하나 소원을 성취해나갈 수 있었다.

고등학생 때 다녔던 수학 학원에서 나는 정기적으로 매니저 형들과 친구들 간 모임을 했었다. 하루는 모임에서 내가 바다로 MT 가는 건 어떠냐고 제안했다. 마침 매니저 형이 MT를 기획하고 있었다며 이런 저런 얘기를 하게 됐다. 긴 토론 끝에 우리는 강릉으로 MT를 가기로 결정했고, 그렇게 나는 동해로 놀러 갈 수 있었다.

나는 비슷한 방식으로 대학교 친구들에게 바다로 놀러 가자고 제안했다. 그리해 소수 인원으로 강화도를 갔다 올 수 있었다. 그 외에도 가족 여행으로 통영에 가게 됐다. 친가 쪽에서 친할머니 모시고 여행을 가보자며 기획을 한 것이다. 그 덕분에 나는 예상치 못하게 남해까지 갈 수 있었다. 놀더라도 진심으로 지내다 보니 계획한 대로 방학을 보낼 수 있었다.

대학교 3학년 2학기 때 합창 교양과목에서 결성된 팀으로 합창대회에 나가 1등을 한 적이 있다. 평소 나는 노래를 듣고 부르는 걸 좋아해서 음악과 관련된 교양수업을 한 번쯤 듣고 싶었다. 수강 신청 때 우연히 '합창과 공동체 인성'이라는 과목을 발견했다. 그런데 1학점짜리 교양인 데다 주 2회 수업이라 꽤 고민됐었다. 그래도 경험 삼아 한번 들어보자는 심정으로 해당 과목을 신청하게 됐다.

'합창과 공동체 인성' 첫 수업 때 교수님께서 이 과목에 대한 전체 프로세스를 말씀해주셨다. 자신이 맡은 여러 '합창과 공동체 인성' 수업에서 결성된 조들이 학기 말에 합창대회에서 무대를 선보인다는 것이다. 합창대회에서 우승하면 상금도 있다고 덧붙여 말씀하셨다. 그 얘기를 들으면서 내가 속한 조가 순위권 안에 들었으면 하는 막연한 욕심이 생겼다. 우승까진 아니더라도 최선을 다하면 내가 속한 조가 잘할 수 있을 것 같다는 알 수 없는 자신감마저 들었다.

두 번째 수업 때, 조 편성이 시작됐고 조원들끼리 곡을 선정해나갔다. 우리 조는 제이레빗의 '요즘 너 말야'라는 곡을 부르기로 했다. 조원 중에 어떤 분은 성당 성가대 활동을 하신 분도 있었고, 기타를 취미로 하신 분도 있었다. 조원들의 조합으로 뭔가 작품이 만들어질 것 같은 기분이 들었다. 그렇게 우리 조는 들뜬 마음으로 연습 일정을 잡기 시작했다.

연습 일정을 잡을 때 보통 시간을 정하고 빈 강의실을 찾곤 했다. 또한, '요즘 너 말야'는 어쿠스틱 노래여서 한 명이 기타를 꼭 가져와야 했고 5명 이상 인원이 모여야 연습도 가능했다. 문제는 생각보다 연습하면서 헤쳐나가야 할 난관이 많았다는 것이다.

'요즘 너 말야' 악보를 인터넷에서 구했는데 연습하다 보니 베이스 파트의 특정 부분에서 음이 이상했다. 악보 수정이 필요했다. 또한, 조원 전반적으로 노래에 관심이 있었지만, 음정을 잘 맞추는 건 별개 문제였다.

가장 먼저 악보 수정이 시급했다. 자꾸 특정 구간에서 테너와 베이스 쪽에 부자연스러운 마찰음이 발생했다. 나는 조원들에게 악보를 수정해도 되겠냐고 양해를 구했다. 조원들은 내 제안을 흔쾌히 수락했다. 나는 작곡한 적은 없지만, 어렸을 적 피아노를 배우며 익힌 화음을 떠올리며 최대한 자연스럽게 악보를 수정했다. 수정된 악보로 불러보니 음이 한결 자연스러워졌고 조원들 모두 만족해했다.

다음 해결해야 할 사항은 베이스 파트의 불안정한 음이었다. 여러 파트가 함께 노래 부르다 보니 베이스를 맡은 조원이 음을 잘 잡지 못했다. 이때도 내가 자처해서 팀의 윤활유 역할을 도맡았다. 원래 나는 테너 파트를 불렀는데, 베이스 파트를 맡은 조원이 헷갈리는 구간만큼은 베이스 파트를 불렀다. 그렇게 노래 연습을 하니 한결 노래가 조화로웠다.

지속적인 연습을 통해 노래 완성도는 높아졌다. 그뿐만 아니라 합창대회에 나갈 때 우리 조가 어떤 콘셉트로 나갈지 다양한 토론을 하곤 했다. 노래하기 전에 취업 준비하는 친구들 간 상황극을 삽입해 '요즘 너 말야 힘들지 않냐?'라는 식의 위트를 가미했다. 또한, 각 파트별 인원을 구별하기 위해 서로 다른 색깔의 나비넥타이를 매기로 했다.

우리 팀은 합창대회에서 1등했다. 사실 노래 실력은 타 팀보다 부족했다. 그러나 조화로운 노래를 위해 단점을 보완하고 여러 콘셉트를 기획한 것에 높은 점수를 주셨던 것이 아닐까 싶다. 합창대회에서 1등도 했지만, 대회 후에 조원 평가에서 조원들이 나를 좋게 평가해준 덕에 A학점까지 받을 수 있었다. 우리 조가 합창대회에서 잘되길 바라는 마음에 최선을 다했을 뿐인데 합창대회 1등에 해당 과목에서 좋은 성적까지 얻을 수 있었다.

　모든 부모는 아이를 대할 때 진심으로 대한다. 이해타산 없이 순수한 마음에서, 진심으로 아이가 잘되길 바라며 도와준다는 뜻이다. 우리는 꿈을 대할 때 이처럼 진심을 다해야 한다. 꿈을 진심으로 대한다는 것은 반드시 실현된다는 믿음으로 최선을 다해 노력함을 의미한다.

　주위를 둘러보면 꿈을 진심으로 대하기보다 가식적으로 대하는 사람들이 더 많다. '이 꿈이 진짜 이뤄질까?'라는 불신이 기저에 깔린 상태로 꿈을 대하기 때문이다. 꿈에 대한 불신이 있는 사람은 꿈을 갈망하지만, 그 근처를 맴돌 뿐 꿈을 실현시키기 어렵다.

　조금 더 용기를 내서 우리는 진심으로 꿈을 대할 줄 알아야 한다. 지금 당신이 품고 있는 꿈과 생각과 행동에 의해 미래는 얼마든지 바뀔 수 있다. 꿈을 꾸고 그 꿈을 이루지 못했더라도 그것을 향해 진심을 다해 노력했다면, 꿈과 닮아있는 그 모습 어딘가에라도 도달해있을 것이다. 지금부터라도 마치 아이를 대하듯 꿈을 진심으로 대해보자.

방치하는 꿈?
오늘부터 실현하는 꿈!

　첫 직장을 나오고 쉬고 있을 때였다. 문득 가을 단풍이 멋진 산에 가보고 싶은 생각이 들었다. 지쳐있는 심신을 위로하면서 자연경관도 구경하고 싶어서였다. 틈틈이 나는 인스타 피드에 설악산을 검색하며 기회를 물색했다. 그런데 피드에는 푸른 설악산 모습만 가득했다. 초가을임에도 설악산 단풍이 들지 않은 것이었다.

　낙엽의 색은 일교차에 영향을 받곤 한다. 일교차가 심할수록 단풍이 아름답다고 한다. 그러나 2021년 가을은 그 어느 해 가을보다 따뜻했고, 가을 막판에 가서 갑작스레 추워졌다. 그러다 보니 낙엽이 물들지 않고 마른 상태로 떨어지는 경우가 많았다. 그래서 설악산뿐만 아니라 다른 산도 단풍 시기가 늦게 찾아오고 단풍도 아름답지 못했다. 아쉬운 마음을 뒤로한 채 다음 설악산 등반을 기약해야 했다. 그렇게 가을 설악산 등반의 꿈은 잊혀 가는 듯했다.

2022년 2월, 새로운 회사로 이직하게 됐다. 취직하고 마음의 여유가 생기다 보니 새로운 취미를 갖고 싶은 생각이 들었다. 그러다 우연히 직장인 익명 커뮤니티 '블라인드' 앱에서 2030 등산 소모임 〈야너등('야, 너두 등산할 수 있어' 약어)〉이 있는 것을 발견했다. 바로 그 소모임에 가입하고 활동을 시작했다. 〈야너등〉에서는 등반할 산을 정하고 등반 일정을 단톡방에 등록해서 인원을 모집한다. 해당 일정에 참여할 수 있으면 댓글을 남겨 함께 등산을 가는 것이다.

소모임에서의 내 첫 등산지는 청계산이었다. 수도권에 있는 산 가운데 그나마 난도가 낮은 산이라서 정하게 된 것이다. 청계산을 처음 오를 땐 꽤 힘들었다. 분명 청계산은 등린이(등산+어린이의 약어. 등산 초보를 일컫는 말) 전용 산이라고 인터넷에서 본 것 같았는데 말이다. 어떻게 올라갔는지 기억도 안 나지만 그래도 청계산 정상에 도달했다. 산 정상에서 바라본 서울 전경은 말로 설명할 수 없을 만큼 아름다웠다. '이 맛에 등산하는구나' 싶었다.

등산하는 사람이라면 한 번쯤 '블랙야크 100대 명산' 챌린지를 들어봤을 것이다. 이는 대한민국을 대표하는 100군데 명산을 하나하나 다니면서 인증해 나가는 챌린지다. '블랙야크알파인클럽' 앱을 통해 산 정상에 올라 GPS를 켜서 위치와 사진을 찍으면 인증이 가능하다. 나 역시 〈야너등〉을 통해 이 챌린지를 처음 알게 됐다. 몇몇 사람들은 하루에 두세 군데 산을 등반해서 인증하려고 했다. 덕분에 나도 그들과 함께 100대 명산 챌린지에 참여할 수 있었다.

점차 나는 등반 난이도가 높은 산에 도전하기 시작했다. 북한산 국립

공원 초보 등산용 사패산부터 수리산과 관악산으로 점차 그 범위를 넓혀 갔다. 등반 경험이 많아질수록 등산하는 데에 자신감이 붙었다. 산행할 때면 행렬 선두에서 걷는 게 편했고, 미리 올라가 사람들을 기다렸다. 등산 중에도 여유를 잃지 않았다.

한 번은 강원도 홍천에 있는 가리산, 오봉산, 용화산 이 세 군데의 산을 하루 만에 오르기도 했다. 물론 산에서 산으로 이동할 때 차를 이용했지만, 당시엔 힘든 경험이었다. 당시에 너무 힘들어서 세 번째 산에 오를 때는 포기하고 싶은 마음이 굴뚝 같았다. 그러나 끝내 세 군데 산을 정복했고, 시간이 지나고 나니 그 순간들도 다 추억이 됐다. 체력은 전보다 더 좋아졌다. 체력이 좋아지고 등산하는 데 자신감이 생기다 보니 작년에 방치했던 내 꿈이 생각이 났다. 가을 설악산을 꼭 가보고 싶다는 꿈 말이다.

나는 〈야너등〉 운영진에게 가을 설악산 일정을 꼭 잡아달라 요청했다. 나와 비슷한 생각을 가진 소모임 사람들이 많았고, 운영진은 이를 고려해 설악산 일정을 검토하기 시작했다. 마침내 운영진은 9월 말에 설악산 일정을 공지했다. 가을 설악산코스로 공룡능선이 선정됐다. 무박 2일이었고 새벽부터 시작해서 해 질 녘까지 이어지는 산행일정이었다. 나는 공지가 나자마자 바로 설악산 산행을 신청했다. 이번엔 반드시 가을 설악산을 등반하리라 다짐했기 때문이다.

설악산 등반을 위해 따로 카카오톡 단체방이 만들어졌다. 사람들은 한껏 기대에 부풀어있었다. 설악산 정상을 가는 코스는 아니지만, 희운각 대피소에서 황제처럼 점심을 즐기고 오자는 의견이 많았다. 서로 점심 메뉴를 정하고 각자 가져올 물건을 정했다. 우삼겹, 갈비, 버너, 채소 등 서로 괜찮은 음식을 가져오겠다고 난리였다. 나는 삼겹살을 가져가기로 했다. 이 외에도 즐거운 이야기들이 오고 가며 우리는 설악산 등반 날을 기다리고 있었다.

드디어 9월 말이 되어 결전의 날이 밝았다. 퇴근하고 사람들이 하나둘 잠실로 모이기 시작했다. 다들 가방에 한가득 먹을거리를 챙겨왔다. 가방 크기만 보면 에베레스트 등반하는 사람들이라 해도 믿을 정도였다. 서로 웃으며 누가 더 많이 챙겨왔는지 너스레를 떨었다. 시간이 흘러 20명이 다 모였고, 모두 전세한 버스에 몸을 실었다. 그때가 자정이었다.

설악산으로 향하는 버스 안에서 자기란 쉽지 않았다. 사실상 버스를 탄 사람 대부분 잠을 못 잤다고 보면 된다. 좁은 좌석과 수시로 흔들리는 버스가 불편했기 때문이다. 그러거나 말거나 버스는 설악산을 향해 달렸다. 3시간 30분 만에 버스는 설악산 소공원 주차장에 도착했다.

소공원 주차장에 도착했을 때 나는 충격적인 장면을 목격했다. 분명 새벽 3시 40분인데 설악산 소공원 주차장 입구에서 차들이 대기하고 있는 것 아닌가? 다들 설악산 단풍을 구경하기 위해 새벽같이 산에 도착한 것이다. 이런 현상을 목격할 수 있는 나라는 우리나라뿐이리라. 우리나라 사람들의 부지런함을 다시금 느낄 수 있었다.

머리에 헤드랜턴을 끼고 무릎보호대부터 스틱 등 장비를 갖춘 후 새벽 4시부터 산행을 시작했다. 새벽 산행은 만만치 않았다. 등반하고 처음 맞이하는 코스는 경사가 무척 가팔랐다. 마등령에 오르는 코스에 진입한 것이다. 경사가 가파른데 사람들이 적체되어 있어 느린 속도로 등반하니 더 힘이 빠지는 기분이 들었다. 게다가 밥도 안 먹어서 너무 허기졌다. 이때 나는 처음 '설악산을 왜 왔을까?' 후회했다. 무려 3시간 동안 이 가파른 경사를 인내해야 했기 때문이다.

그렇다고 중간에 포기할 수 없었다. 새벽 산행을 감행한 이상 끝장을 봐야 했다. 마등령 정상에서 먹기로 한 김밥을 미리 먹고 힘을 냈다. 밥심이 생기니 사람들을 제치고 제쳐 선두로 나갈 수 있었다. 어느덧 나는 페이스를 되찾았고 적절한 휴식과 함께 여유도 생겼다. 그러다 보니 어느덧 바다 저편에서 여명이 밝아오고 있었다. 여태 본적 없는 아름다운 광경이었다.

마등령에 오르는 동안 많은 소모임 사람들이 힘들어했다. 그래서 사람들은 마등령에서 길게 휴식을 취했다. 새벽 산행이라는 고단함도 있었지만, 무거운 짐을 지고 산에 오른 게 사람들의 피로도를 높였을 거란 생각이 들었다. 미리 마등령에 오른 나는 오랜 휴식을 취해서 굳이 더 쉴 필요가 없었다. 휴식 시간에 소모임 사람들과 의논 끝에 나는 파일럿 역할을 자처했다. 버너, 고기와 같은 무거운 짐 일부를 먼저 들고 간 후 희운각 대피소에 자리를 선점하겠다 말한 것이다. 그렇게 나는 소모임 사람들을 뒤로하고 먼저 공룡능선 코스로 진입했다.

설악산의 공룡능선은 생긴 모습이 공룡 등 모습과 비슷해 붙여진 이름이다. 공룡 '스테고사우르스'의 등 모양처럼 들쑥날쑥한 이 공룡능선은 정말 이름값 했다. 공룡능선을 오르내리면서 내게 2차 고비가 왔다. 마등령은 가파른 경사를 3시간 동안 지속적으로 오르는 이유로 힘들었다. 공룡능선은 그보단 덜하지만 반복되는 오르내림이 힘들었다. 또한, 버너와 고기를 가방에 추가한 채로 산행하는 게 쉬운 일이 아니었다. 나는 이전보다 쉬는 시간을 자주 가지면서 내 페이스를 되찾으려 노력했다. 뭐든 쉬운 일은 없었다.

시간이 지나 다시 페이스를 찾고 주변을 관찰하는 여유가 생기기 시작했다. 날씨가 좋다 보니 가을 단풍이 더욱 선명하게 보였다. 단풍이 절정은 아니었지만 70% 정도 단풍이 든 설악산도 너무 예쁘게 보였다. '이게 그토록 내가 보고 싶어 했던 가을 설악산이구나'라는 생각과 함께 감정이 벅차올랐다.

마침내 나는 소모임 사람 중에 가장 먼저 희운각 대피소에 도착해 자리를 선점했다. 시간이 지나 소모임 사람들이 희운각 대피소에 다 도착한 후, 서로 가져온 음식들을 모두 꺼냈다. 꺼낸 음식들을 보니 산 위에 뷔페를 차린 게 아닌가 할 정도 진수성찬이었다. 다 같이 배불리 점심을 먹고 단체 사진을 찍은 후 하산했다. 우리는 저녁 6시 30분에 설악산 소공원으로 복귀했고, 바로 버스에 몸을 실어 서울로 향했다. 장정 14시간이 걸린 설악산 산행은 그렇게 끝이 났다.

가을 설악산 등반은 내게 이루지 못한 꿈이었고 한동안 아쉬움으로 남았었다. 그러나 마음속에 담아둔 꿈은 언젠가 다시 생각나기 마련이다. 그래서였을까? 나는 열정을 되찾았고, 가을 설악산 등반에 성공했다. 만약 내게 이런 꿈이 없었다면 처음 등산 소모임 〈야녀등〉에 가입해서 설악산 등반을 하기까지의 일은 일어나지도 않았을 것이다.

설악산 등반을 계기로 나는 더 이상 꿈을 방치하지 않기로 다짐했다. 꿈이 있다면 당장 실행해야 한다. 다시 생각날 꿈이라면 그만큼 본인에겐 소중한 꿈이다. 그런 꿈을 방치해두면 반드시 후회하거나 미련이 생긴다.

혹시 지금 불안, 초조, 두려움 때문에 노력하지 않고 꿈을 방치해두고 있지는 않은가? 시기에 차이는 있겠지만 오래 방치한 꿈은 언젠가 당신에게 신호를 보낼 것이다. 자신이 아직 마음속에 있다고, 자신을 봐달라고 말이다. 더 이상 당신의 마음 한편에 꿈을 방치하지 않았으면 좋겠다.

Love
yourself

3장

완벽주의를 버려야
꿈을 이루는 사람이 된다

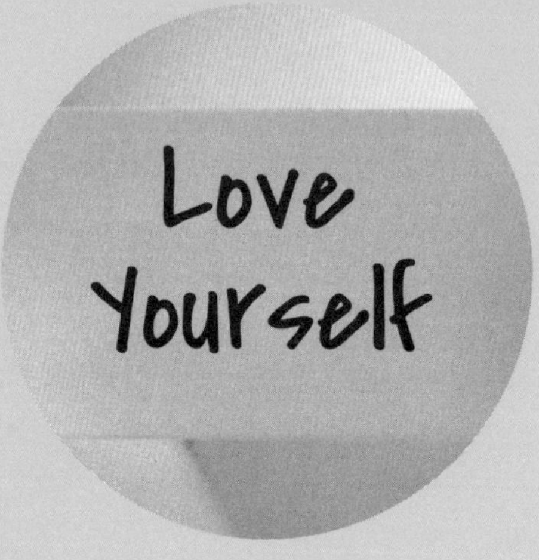
Love
Yourself

누구도 아닌,
내게 정직한 사람이 되기

ENA와 SBS 플러스에서 공동 제작한 '나는 솔로'라는 프로그램이 있다. 결혼을 간절히 원하는 솔로 남녀들이 모여 사랑을 찾기 위해 고군분투하는 극사실주의 데이팅 프로그램이다. '나는 솔로'는 '짝'과 '스트레인저'를 만든 남규홍 PD가 기획한 후속작인데, 일반인 남녀가 사랑을 찾는 과정을 가감 없이 보여주면서 시청자들에게 여러 재미를 주고 있다.

나는 '나는 솔로' 초창기 애청자로서 2기 영수와 영숙을 보고 많은 감명을 받았다. 두 사람은 5박6일 동안 함께 프로그램 촬영을 하면서 운명적인 모습을 자주 보여줬다. 모든 출연진이 숙소에 도착해서 첫 선택을 할 때부터 둘은 서로를 택했다.

결혼할 운명적인 상대라는 퍼즐이 하나하나 맞춰지기 시작하더니 결국 최종 선택에서 둘은 서로를 찜했다. 방송이 끝나고도 연애했던 이 커플은 만난 지 5개월 만에 결혼식까지 올렸다. 놀라운 사실은 영숙은 '나는 솔로' 2기가 아닌 1기에 출연할 뻔했는데, 불발되어 2기에 출현했다고 한다. 둘은 어쩔 수없이 만나게 될 운명이었던 것이다.

'나는 솔로' 2기 영수와 영숙 커플을 보면서 정말 많은 감동을 받았고 작은 인생을 배웠다. 이 프로그램을 통해서 운명적인 상대는 존재한다는 희망을 품었고, 정말 내가 원하는 상대를 찾기 위해 무엇을 해야 할지 생각해보게 됐다. 또한, 결혼할 운명적인 상대는 자신이 누군지 확실히 알고 그 진가를 보여줄 때 나타난다는 깨달음을 얻었다.

나도 운명적인 사람을 만나보고 싶었다. 프로그램을 시청하고 느낀 감동의 여운이 큰 만큼 '나는 솔로'에 출현해보고 싶다는 생각이 들었다. 그러기에 앞서 내가 어떤 사람인지 생각할 시간이 필요했다. 노트북을 켜고 메모장에 나란 사람과 내가 원하는 사람에 대해 가감 없이 정리해봤다. 연애와 관련한 모든 내용을 적다 보니 A4용지 4장 분량이 나왔다. 나도 내가 연애에 대해 무슨 생각을 하고 있는지 객관적으로 써본 건 처음이었다. 이를 바탕으로 나는 '나는 솔로'에 프로그램 지원 메일을 보냈다. 그 어떤 기대도 없는 상태로 말이다.

어느 날 알 수 없는 번호로 한 통의 전화가 왔다. '나는 솔로' 담당 작가님으로부터 연락이 온 것이다. 예상외 일이었다. 이렇게 빨리 내게 연락이 올 거라곤 전혀 생각지 못했기 때문이다. 작가님은 나에 대해 이것저것 물어보셨다.

왜 프로그램에 지원했는지부터 어떤 마음으로 '나는 솔로'를 시청했는지 등등. 여러 대화가 오고 간 끝에 작가님은 내게 인터뷰를 보러오라며 인터뷰 가능한 날짜를 물어봤다. 나는 시간이 되는 날짜를 말씀드렸고 그렇게 인터뷰 날을 잡게 됐다.

하지만 내가 너무 성급히 생각했었다. 당시 직장을 쉬고 있었고 '나는 솔로'에 출현하게 된다 해도 사람들에게 무직 상태로 인식되면 좋을 게 없었다. 그렇게 되면 흥미로운 얘기를 만들어 나가기도 어렵고 스스로 민망하리라 판단됐다. 그래서 담당 작가님께 전화해 자초지종을 설명하고 인터뷰 일정을 취소했다. 작가님이 나름 신경 써서 일정을 잡은 것일 텐데 죄송스러웠다.

어떻게 보면 나는 내 상황을 고려하지 않은 채 무작정 '나는 솔로'에 지원한 셈이다. 무직이었지만 내 인생의 반려자를 찾기 위한 꿈을 꿨고 행동한 것이다. 물론 아무 일도 없던 것처럼 지나갔지만, 내가 어떤 사람이고 그 진가를 보여주기 위해 어떤 준비를 해야 할지 고민하고 도전했던 아름다운 순간이었다. 이때를 계기로 나 자신을 진실되고 객관적으로 바라볼 수 있었다.

꿈을 이루려면 무슨 일이 있어도 자기 자신을 정직하게 바라보고 믿어야 한다. 큰일을 하고 싶다면 자신을 큰 존재로 여겨야 한다. 꿈을 이루려면 먼저 꿈이 이뤄진 것처럼 행동해야 한다. 꿈이 이뤄진 것처럼 믿고 행동하면 우리 몸과 마음의 주파수도 꿈에 맞춰 작동하게 된다. 자신감이 느껴지고 용기가 솟는다. 지금보다 나은 삶을 원한다면, 그렇게 된다는 믿음을 가져야 한다.

자신에 대한 믿음은 자신을 사랑하는 마음으로부터 나온다. 세상에서 가장 소중한 존재는 바로 자기 자신이다. 따라서 먼저 자기 자신을 사랑하고 소중하게 다룰 줄 알아야 한다. 내가 살아 숨 쉬고 행동할 때 비로소 세상도 함께 존재하기 때문이다. 자신이 바로 서지 못하고 흔들린다면, 세상도 그만큼 혼란스럽게 느껴질 것이다.

자신에게 가장 많은 영향력을 미치는 사람은 자기 자신이다. 다른 사람이 아무리 좋은 영향력을 주려 해도 당사자가 거부하면 어떠한 영향도 미칠 수 없다. 최종 결정권은 자기에게 있다. 내 인생을 바꿀 수 있는 건 나뿐이다. 내가 믿을 수 있다고 생각하면 꿈은 이뤄질 수밖에 없다.

세상에는 두 부류의 사람이 있다. 자신의 꿈을 따라 가슴 뛰는 인생을 사는 사람과 남들의 꿈을 따라 무작정 발걸음을 옮기는 사람이다. 전자는 비록 현실이 척박하고 힘들더라도 꿈의 힘으로 눈부신 미래를 창조해나간다. 그러나 후자는 죽은 심장을 갖은 채 어쩔 수 없는 현실과 마주하며 살아간다.

많은 강연가가 청춘에게 "진짜 꿈을 가져라"라고 얘기하곤 한다. 어떤 힘든 일이 있더라도 반드시 실현하고 싶은 꿈을 찾아야 인생의 주인공이 된다고 하면서 말이다. 당시의 나도 성공과 관련한 많은 영상과 글을 봤다. 그래서 꿈의 중요성을 어렴풋이 알고는 있었다.

다만, 구체적인 꿈이 아닌 막연한 꿈을 가진 채 지냈을 뿐이다. 나름대로 나는 나만의 꿈이 있다고 믿었다. 가슴 뛰는 꿈이 무엇인지 정확히 몰랐지만, 꿈 없는 허풍선이 같은 인생을 살기는 싫었다. 그래서 매 순간 꿈을 갖고 살았다. 나답지 않은 어설픈 꿈이었지만 말이다.

약대 편입에 실패하고서 곰곰이 나 자신을 성찰해봤다. 나는 매 순간 꿈이란 걸 갖고 있다며 자신을 속여왔었다. 돌이켜보면 공부하면서 나는 늘 스스로 '내가 이걸 할 수 있을까?'라는 의문을 스스로 던지곤 했다. 꿈에 대한 확신도 없었다. 또한, 내가 설정한 꿈에 감정이입이 되지도 않았다. 꿈을 향해 나아가면서도 가슴이 뛰지 않았던 것이다. 고등학생 때 가졌던 초등교사의 꿈, 대학생 때 가졌던 약사의 꿈 모두 그랬다. 진짜 나다운 꿈이 아니었기 때문이다.

실로 이전의 내가 갖고 있던 꿈들에 대해 한번 복기를 해봤다. 초등교사, 약사 모두 내게 맞지 않은 옷들이었다. 나는 아이를 기본적으로 좋아하는 편이 아니었고, 유치한 행동을 잘 보기 어려워했다. 갈수록 심해지는 교권 침해와 학부모의 과잉간섭이 내겐 큰 괴로움이었을 것이다. 약사가 됐어도 마찬가지였을 것이다. 끊임없이 공부하는 노력이 필요하겠지만, 좁은 약국 안에서 처방전을 받아 약을 처방해주는 업무의 반복은 내게 큰 지루함을 줬을 것이다.

그렇다. 나는 맞지 않은 옷들을 억지로 걸치려고 했던 것이다. 설령 이 꿈을 이뤘다고 해도 내가 얼마나 괴로워했을지 상상조차 하기 싫었다. 잘못된 꿈을 설정해서 걸어간 길은 피곤했으리라. 기존의 꿈들이 이뤄지지 않은 것에 대한 안도의 한숨이 나왔다.

책을 쓰고 있는 지금 시점에서 진짜 나다운 꿈을 갖게 되니 이전과 다르게 느껴진 점들이 많다. 무엇보다 나다운 꿈이 생기니 스스로 지치지 않았다. 꿈을 향해 달려가는 과정이 아무리 힘들어도 참을 수 있었다. 몸이 피곤한 만큼 자신의 꿈과 가까워지고 있다는 것을 의미하기 때문이다.

또한, 남들이 시키지 않아도 알아서 내 꿈을 이루기 위해 행동하게 된다. 실수가 많은 나였지만 나만의 진실된 꿈인 만큼 대충하지도 않게 된다. 꿈에 내 전부를 걸 정도로 몰입하기도 한다. 마지막으로 나다운 꿈을 상상했을 때 완벽한 감정이입이 되어 설렘을 느낀다. 그러다 보니 매일 내가 원하는 꿈을 마치 성취한 것처럼 느끼고 생각하고 상상하게 됐다.

그러자 나도 모르는 사이에 부정적인 생각이 있던 자리에 긍정적인 생각이 고이기 시작했다. 그리고 내가 바라는 것들을 실현하기 위해 저절로 치열하게 살기 시작했다. 이제야 나다운 꿈에 대한 내 진실된 감정의 반응을 알게 됐다. 이젠 더 이상 어설픈 꿈을 설정해서 나 자신을 속이지 않으리라.

노력은 1도 안 하는데
성장하기를 바란다고?

주말은 직장인에게 최고의 선물이다. 평일에 못다 잔 잠을 보충할 수도 있고, 본인만의 취미생활을 하거나 가족과 즐거운 시간을 보낼 수도 한다. 지치고 힘들 때는 온전히 혼자 집에 있기도 한다.

별일 없으면 나는 주말에 침대에 누워 유튜브를 보곤 한다. 유튜브로 많은 채널을 구독해놓은 만큼, 유튜브 앱을 키면 다양한 영상들을 볼 수 있다. 끊임없이 추천되는 영상들로 인해 가끔은 유튜브만 봐도 하루를 보낼 수 있겠다는 생각이 든 적도 많다.

어느 주말 아침이었다. 주말인데 출근할 때처럼 일찍 눈이 떠졌다. 어쩔수없이 일어난 나는 오전 내내 유튜브만 봤다. 영상을 보다 문득 12시가 다 되어가는 것을 느꼈다. 갑작스레 허무감이 몰려왔다. '수많은 유튜브 영상을 봤는데, 결국 내게 남는 게 무엇인가?'라는 생각이 든 것이다.

재미난 영상을 보면 그 순간의 내 기분은 조금 나아지겠지만, 그 외에

달라지는 것은 아무것도 없었다. 영상을 업로드한 채널은 좋을 순 있겠다. 그러나 정작 내게 득이 되는 건 없었다. 아무 행동도 하지 않으니 변화할 수 없음을 느낀 순간이었다. 아인슈타인의 명언이 떠올랐다.

'어제와 똑같이 살면서 다른 미래를 기대하는 것은 정신병 초기증세다'.

새로 이직한 회사는 연말 일주일을 무조건 쉬었다. 휴일 스케줄이 정해진 만큼 여행계획을 세우기 수월했다. 이때다 싶어 나는 연말에 호주 여행을 하기로 했다. 지인도 볼 겸 퀸즐랜드주 브리즈번으로 여행 갈 계획을 세우고 즐거운 일주일을 보냈다.

호주에는 광활한 바다, 공룡이 나올 것만 같은 울창한 숲 속, 다양한 동물들이 있었다. 정말 대자연에 끝판왕이라는 생각이 들 정도였다. 대자연도 많이 구경했지만, 오가며 만난 사람을 통해 소소한 깨달음을 얻기도 했다.

하루는 브리즈번에서 골드코스트로 가는 기차를 타고 갈 때였다. 혼자 이어폰을 끼고 창밖을 구경하고 있었는데, 한 여자애가 내 옆에 앉더니 내게 말을 걸었다. 인도에서 온 루투데자이라는 친구였다. 이 친구는 마케팅 관련 업무를 했으며 BTS를 알고 있었다. 우린 서로에 대해 이런저런 얘기를 하며 지루하지 않은 시간을 보냈다. 헤어질 때가 되어 서로의 인스타 아이디를 팔로우하고 헤어졌다.

호주 여행 4일 차에 안 좋은 날씨로 예약했던 스카이다이빙 일정이 취소됐다. 심심한 시간을 보내고 있을 때 갑자기 루투데자이한테 인스타 DM이 왔다. 시간 되면 자신의 집에서 차나 한잔 마시자는 것이다. 이것도 여행의 묘미라 생각한 나는 그녀의 집을 방문했다. 그녀의 집에 도착한 나는 기차 안에서 나누지 못한 여러 얘기를 나눴다. 얘기하다가 그녀는 업무를 할 게 있다며 노트북을 켜기도 했다.

그녀는 알고 보니 인도 카스트의 최고 상위계급인 브라만이었다. 집에 여러 하인을 두고 사는 소위 금수저였다. 인도에 있으면 지금보다 편안한 삶을 살았을 텐데 그런 그녀도 호주에선 노트북을 붙들고 데드라인에 맞춰 마케팅 업무를 하고 있었다. 지난밤에는 휴일인데도 불구하고 자정까지 야근했단다. 이쯤 되면 그녀가 왜 호주에 있어야 하는지 궁금할 정도였다. 나는 루투데자이에게 물었다.

"호주에서 되게 바쁘게 지내는 것 같은데 인도에서 생활하는 게 더 낫지 않아?"

그녀는 내게 이렇게 말했다.

"마땅히 해야 할 일들이 있고 관심 있는 분야라서 계속 일하게 되는 것 같아."

"인도에 있었다면 이렇게까지 일하지 않았을 거야. 이곳에서 나는 많은 걸 배울 수 있었어."

일을 대하는 루투데자이의 진정성 있는 모습과 성장하기 위한 마인드가 멋졌다. 짧은 대화를 나눴지만, 나는 많은 걸 배울 수 있었다. 인도 부자도 이렇게 타지에서 고생하며 성장하는 중인데 나는 편하게만 살아가려고만 했다니. 자연스레 나 자신을 되돌아보게 됐다.

사람은 말하는 대로 산다고 한다. 말은 생각과 의지가 담기므로 무의식적으로 한 말이라도 결국 그 한 마디 한 마디가 모여 언제든 실제로 일어날 수 있다. 말에는 강한 힘이 있다. 실제로 한 사람의 말이 성숙해 가는 과정을 들여다보면 삶이 성숙해 가는 과정과 일맥상통한다.

살면서 여러 사람을 만나다 보니 말투가 얼마나 중요한지 점점 실감이 났다. 내 첫 직장에서 부장님은 회식 때 노래방만 가면 항상 전인권의 '그것만이 내 세상'을 부르곤 하셨다. 한 차장님께서 내게 말씀하셨다.

"부장님은 예전에도 저 노래만 부르셨어. 저러기 쉽지 않거든. 하여간 대단하셔."

말하는 대로 된다고 했던가? 지금 그 부장님은 임원이 되어 자기 세상이 된 것처럼 살고 계신다. 부장일 때도 자기 세상처럼 살았지만 말이다. 이제는 나도 노래방에 가서 긍정적인 노래만 부르려고 한다. 말하는 대로 되는 걸 눈앞에서 목격하니까 함부로 아무 노래나 부를 수 없었다. 이전엔 노래방에서 슬픈 록 발라드 노래만 불렀었다. 하지만 이젠 왠지 슬픈 현실이 나타날까 봐 잘 부르지 않게 됐다.

가수들도 저마다의 가사 내용대로 삶을 살아간다고 한다. 요절한 가수는 너나없이 죽음과 연관된 노래를 불렀고, 행복하게 오래 산 가수는 즐거운 노래를 불렀다. '서른 즈음에'를 불렀던 가수 김광석은 서른 즈음에 세상을 떠났고, 우울한 노래를 주로 불렀던 가수 유재하는 교통사고로 세상을 떠났다.

신신애는 '세상은 요지경'이라는 노래의 '짜가가 판친다'라는 가사로 유명해졌지만, 곡이 히트한 후 사기로 많은 것을 잃었다고 한다. 반면 '운명을 즐겨라'라는 뜻의 '아모르 파티'로 스타가 된 이연자는 현재 지방 행사는 물론 대학교 축제에 섭외될 정도로 자신의 운명을 즐기며 살고 있다.

과거에 나는 부정적인 말을 자주 하곤 했다. 굳이 안 해도 될 부정적인 말을 했고, 긍정적인 말을 해야 할 때 말을 아꼈다. 어느 순간 이러한 내 말투를 고쳐야겠다는 생각이 들었다. 분명 말투를 고칠 방법이 있을 거란 생각에 서점으로 향했다.

말투와 관련 책을 여러 권 구입해서 읽고 또 읽었다. 구입한 책을 읽다 보니 말투를 바꾸는 것의 핵심은 마음의 변화였다. 처음에 나는 단순히 '말투만 바꾸면 되겠지'라고 책을 구입했었다. 그러나 그게 아니었다. 진정 말투를 바꾸고 싶다면 마음가짐을 고쳐야 했다. 한순간에 내 말투를 바꾸기는 쉽지 않았다. 내면을 바꾸는 작업이 선행돼야 했기 때문이다.

우선은 좋은 말투를 쓰기 위한 마음의 그릇을 만들어야 했다. 노트에 바꿔야 할 마음가짐과 말투들을 적고 되뇌기 시작했다. 그리고는 가까운 가족에게 먼저 실습해보고, 점차 친구들에게 적용해 나갔다. 그러다 보니 과거보다 긍정적인 말을 쓸 수 있게 됐다.

말투를 변화시키면서 상대방을 배려하고 긍정적인 마음이 바탕이 돼야 말투도 한결 좋아질 수 있다는 사실을 깨달았다. 말투가 바뀌면서 이전보다 긍정적인 일들이 많아졌고, 운도 더 따랐다. 정말 말하는 대로 되고 있었다.

책 쓰기를 하는 지금은 긍정적인 문구를 필사하면서 성공의 말투를 배워가는 중이다. 현재 나는 꿈이 이뤄졌다는 '완성형 말투'를 사용해 미래를 그리고 있다. 말하는 대로 생각하는 대로 살게 된다는 걸 직간접적으로 체험했기에 책을 쓴 이후의 내 모습을 완성형 말투로 노트에 적어가고 있다.

또한, 시각화를 꾸준히 하고 있다. 아직 원하는 것들을 성취하지 못했지만, 마치 성취한 것처럼 느끼고 생각하고 행동하고 상상하는 것이다. 그러자 나도 모르는 사이에 부정적인 생각이 있던 자리에 긍정적인 생각이 고이기 시작했다. 그리고 내가 바라는 것들을 실현하기 위해 저절로 치열하게 살기 시작했다. 그 후로 소소한 기회들이 나를 찾아왔고, 조금씩 내 잠재력과 가능성을 확인해 나갈 수 있었다.

사람은 과거와 현재를 비교했을 때 모든 면에서 성장하고 나아져야 한다. 노력하다 보면 무조건 성장하게 돼있다. 요즘 노력해도 안 된다고 푸념하는 글들이 SNS상에 너무 나돌고 있어서 안타깝다. 하지만 실상은 그렇지 않다. 불평하는 사람들은 평소 준비가 돼있지 않기에 운이 그들을 비켜 가는 것이다.

노력하면 깨닫고 배울 게 있다. 노력하지 않는데 성장하는 사람은 없다. 사람은 자신이 생각하는 대로 인생을 살게 된다. 푸념만 하면서 안 될 걸 생각하기보다 노력해서 뭐라도 얻어갈 수 있는 사람이 돼야 한다. 각도기에 처음 0도와 5도 차이는 얼마 나지 않는다. 하지만 거리가 멀어질수록 점차 그 차이가 벌어진다. 노력해서 성장할 것이냐 노력하지 않고 제자리에 머물 것이냐는 길게 보면 이런 차이가 있는 것이다. 당신이라면 어떤 선택을 하겠는가?

당신의 인생은 최소한
어제보다는 나아지고 있다!

종종 지인들이 내게 이런 질문을 한다.

"약대 편입시험 준비했던 거 후회되지 않아?"

전공과 전혀 상관없는 약대 편입시험을 준비했고 끝내 나는 합격하지 못했다. 그렇게 2년을 허비했다. 그래도 나는 '후회하지 않는다'라고 답한다.

혹자는 내 대답이 실패한 사람의 자기 위로라 치부할 수도 있을 것이다. 하지만 나는 오히려 편입시험을 준비하는 동안 값진 경험을 했다고 생각한다. 내가 바라는 인생과 앞으로 살아갈 인생에 대해 누구보다 치열하게 고민할 수 있었기 때문이다. 물론 공부하는 동안 많이 힘들었다. '이 공부를 하는 게 맞나? 내 꿈이 이게 맞나?' 하면서 불안해했으니 말이다.

당시 내가 가는 길이 맞는지 누구도 내게 얘기해주지 않았다. 오직 스스로 그런 상황을 정의해 나가야 했다. 공부하는 게 어렵고 힘드니깐 더 그런 생각이 들었던 것 같다.

2년 동안의 편입준비 끝에 실패를 겪고서 '그간 내가 맞지 않는 길을 가고 있었구나'라는 생각이 들었다. 약대 편입을 준비할 당시엔 이 길이 전부였고, 이 기회를 놓치면 세상이 무너질 것만 같았다. 그런데 그 틀을 벗어나고 보니 전혀 그렇지 않았다. 오히려 이전엔 왜 그렇게 나답지 않게 살았나 싶었다.

약대 편입에 실패한 게 나는 절망적이라고 생각하지 않는다. 누군가에게는 실패가 후퇴의 길이겠지만, 나는 새 삶을 시작하는 시작점이라 봤다. 그리고 원점에서 내게 초점을 맞추기 시작했다.

'이제부터 내가 어떤 사람인지, 뭘 원하는지 귀 기울여보자.'

그렇게 나는 나를 알아갈 수 있었고 나다운 꿈에 조금씩 다가갈 수 있었다.

내 방 책장 한쪽 구석에는 오래된 노트 하나가 있다. 그 노트는 소개팅과 관련된 여러 에피소드가 적혀있다. 소개팅이 익숙하지 않았던 대학생 시절, 연애하기 위한 내 노력이 담겨있어서 추억으로 간직하는 중이다.

대학교 1학년 때 수학 학원에서 함께 아르바이트하던 지인 소개로 처음 소개팅을 받았다. 다대다 미팅만 해보다가 소개팅을 하려니 설레면서 막막한 감정이 들었다. 소개팅에 나가 뭘 얘기해야 할지 분위기는 어떻게 이끌어 가야 할지 종잡을 수 없었기 때문이다. 막연한 마음으로 나간 첫 소개팅은 아무런 성과 없이 끝이 났다.

더 이상 이러면 안 되겠다고 다짐했다. 소개팅에서 좋은 결과를 얻을 수 있도록 대화 소재와 에피소드를 노트에 적기 시작했다. 처음엔 무슨 내용을 적어야 할지 몰라서 상대방과 처음 만나 식당가는 사이에 해야 할 얘기까지 적곤 했다. 하지만 그게 본질은 아니었다.

아이스 브레이킹도 중요하지만, 상대와 내 공통점을 찾는 게 더 중요했다. 그러기 위해선 내가 어떤 사람인지 알아야 했다. 내가 좋아하는 영화, 음악, 계절 등을 쭉 노트에 적어나갔다. 소개팅하고 오면 그 날의 경험을 노트에 추가해 나갔다. 나는 그렇게 소개팅을 연습했다. 그러다 보니 점차 소개팅하는 데 자신감이 생겼고, 어느 순간부터는 굳이 노트를 보지 않아도 될 정도가 됐다. 소개팅이 익숙지 않았던 때에 비해 나는 많이 나아져 있었다.

나는 어렸을 적부터 자전거 타는 걸 좋아했다. 자전거를 타고 아파트 단지와 논밭 샛길을 통해 어디든 돌아다녔다. 내 어린 시절을 회상하면 항상 나는 자전거와 함께했다. 우리는 보통 자전거라 하면 두발자전거를 떠올린다. 하지만 어릴 적부터 두발자전거를 바로 타긴 쉽지 않다. 나는 네발자전거를 타다가 두발자전거를 타게 됐다. 물론 두발자전거를 타기까지 우여곡절이 있었다.

네발자전거는 어떻게 해서든 중심을 잡을 수 있어서 타는 데 문제없었다. 그러나 양쪽에 달린 작은 바퀴 소리가 시끄러웠다. 그래서 어느 순간부터 바퀴 하나를 떼고 타려고 시도했다. 세발자전거를 타고 싶었던 것이었다.

세발자전거는 조금이라도 중심을 놓치면 잘 기울어졌다. 그래서 조금만 앞으로 가다가도 수없이 넘어졌다. 넘어져서 다리에 상처도 많이 났다. 그래도 오기가 생겼다. 자전거를 잘 타고 싶은 생각이 들어서였다.

상처 난 다리에 밴드를 붙이고 다음 날도 어김없이 자전거를 타고 아파트 단지를 돌았다. 그러나 여전히 중심을 잡으려고 하면 넘어지고 또 넘어졌다. 더 이상 안 되겠다 싶어서 나머지 바퀴 하나를 떼야 하나라는 생각도 들었다.

바퀴를 떼려고 생각하니 두려워졌다. 네발자전거를 타다가 세발자전거를 타다 보니 더 많이 넘어지고 타기 어려워졌기 때문이다. 세발자전거에서 두발자전거가 됐을 때도 이와 비슷할 거라 지레짐작했다. 그러나 그러한 마음은 곧 사라졌다. 나는 두발자전거를 타겠다고 마음먹은 후 나머지 바퀴 하나를 떼어 냈다.

늦은 오후 저녁 석양과 함께 선선한 바람이 내 얼굴을 스쳐 지나갔다. 두발자전거로 처음 아파트 단지를 돌 때, 엄청난 희열을 느꼈다. 세발자전거를 탈 때보다 훨씬 안정감 있고 더 잘 나갔기 때문이다. 두발자전거를 탈 수 있다는 자신감이 내 마음을 가득 채워가고 있었다. '네발자전거 타는 나'에서 '두발자전거 타는 나'로 발전했다는 어릴 적 그 자신감은 소중한 자산이다. 그래서 20년도 훨씬 지난 지금도 나는 그때의 희열을 마음속 깊이 간직하고 있다.

2022년 1월 설날쯤이었다. 코로나19 환자가 다시 늘어나고 있었다. 당시 나는 무직이었는데 어느 날부터 감기 기운이 느껴졌다. 처음엔 감기약으로 버텼다. 그러나 시간이 지나면서 점점 목이 아팠다. 걱정되는 마음에 코로나19 진단키트를 사서 검사했더니 코로나 양성판정이 나왔다.

설 전주에 미리 친척들을 만난 우리 가족은 설날 연휴를 온전히 집에서 보내는 중이었다. 그러다 내가 코로나가 걸리는 바람에 비상이 걸렸다. 가게를 운영하는 엄마는 당장 가게로 출근 못 하는 상황이었다. 동생과 아빠는 회사에 이러한 사실을 알렸다.

가족 간에 코로나19가 전염되지 않기 위해 서로 최선을 다했다. 각자 집에서 자신만의 공간을 나눠서 생활했다. 주기적으로 창문을 열어 집안을 환기시켰고, 방 안과 화장실에 알코올 소독도 빠짐없이 했다. 끼니마다 각자 수저와 밥그릇을 따로 챙겼다. 우리 집안이 병원이라도 된 것 같은 느낌을 받았다. 우리 가족은 부단히 감염되지 않기 위해 노력했다. 하지만 좁은 집에서 코로나19가 퍼지는 걸 막을 수는 없었다.

내 코로나19 증상이 호전되자 아빠의 코로나19 증상이 악화됐다. 아빠의 코로나19 증상이 호전되자 동생과 엄마의 코로나19 증상이 악화됐다. 결국, 우리 가족 모두 돌아가며 코로나19 양성판정을 받게 됐다.

가족 모두 집에서 자가격리를 시작했다. 집에만 있어서 답답했던 동생은 점점 더 예민해져 갔다. 동생에 예민함으로 인해 가족들 역시 함께 예민해져 갔다. 그래서 서로 더 조심하고 더 위생에 철저히 신경 썼다. 덕분에 설 연휴가 끝나기 전에 가족 대부분 코로나19 증상이 호전됐다. 잔기침이 계속 나오는 건 어쩔 수 없었지만, 그 전에 나타난 증상에 비하면 훨씬 나아졌다. 엄마는 가게를 운영할 수 있게 됐고, 동생도 외부 활동을 시작할 수 있게 됐다.

우리 가족이 코로나19에 걸렸을 당시에는 코로나19 증세가 굉장히 약했다. 시간이 지나 다른 지인분들의 자가격리 얘기를 듣게 됐다. 우리 가족이 겪은 건 아무것도 아니었다. 코로나19 양성판정을 받은 가족 구성원으로 가족 전체가 다 감염되는 건 기본이었고, 코로나19 증상도 더 심각했다.

우리 가족이 나름 우울한 시간을 보냈다고 생각했었다. 하지만 우리는 남들보다 덜 아파했고 금방 코로나19를 극복했었다. 그리고 지금 우리 가족은 코로나19 면역이 되어 이전보다 더 나아져 있는 상태였다. 더 이상 코로나19에 걸릴 일도 없었다.

꿈을 향해 나아가는 과정에는 어김없이 시련과 역경이 도사리고 있다. 그 장벽들을 뛰어넘을 때 인생은 꿈을 향하는 문을 하나씩 열어준다. 물론 지내면서 스스로 제자리걸음을 한다고 느낄 때가 있을 것이다. 누군가는 쭉쭉 앞으로 치고 나가는데 나 혼자 그 자리에 있는 것 같기 때문이다. 하지만 시련과 역경에 처할수록, 실패할수록 꿈에 조금씩 가까워지는 중임을 잊지 마라.

나는 지금 당신이 어디에 서 있고, 어떤 꿈이 있는지 알지 못한다. 그러나 한 가지 사실만은 확실하다. 당신이 품고 있는 그 꿈은 시련과 역경 속에서 실패를 거듭하면서 결국 실현될 것이다. 그러니 제자리걸음 한다고 걱정하지 마라. 당신의 인생은 매일 매일 나아지는 중이다.

꿈은 상위 1%에게만 허락된 특권이 아니다

2001년 12월 중순쯤 한반도 상공에서 무수한 별똥별이 쏟아질 거란 소식이 들렸다. 그 별똥별의 정체는 '사자자리 유성우'였다. 사자자리 유성우는 모혜성인 템펠-터틀(Tempel-Tuttle) 혜성이 지나간 자리를 지구가 통과할 때 쏟아지는 별똥별이 별자리인 사자자리에서 떨어지는 것처럼 보여 붙여진 이름이다.

사자자리 유성우는 33년 주기로 관측되는 현상이며, 초속 72km로 깜짝할 사이에 시야에서 사라진다고 한다. 또한, 그해에는 시간당 최대 2,000여 개의 별똥별이 관측될 것으로 예상한다고 했다.

당시 나는 초등학교 5학년이었다. 별똥별이 무수히 떨어진다는 소식을 접한 나는 반 친구들에게 이 사실을 널리 알렸다. 친구들은 흥미롭게 내 얘기를 들었다. 모두가 흥미로워하는 것 같아 친구들에게 한 가지 제안했다. 별똥별이 떨어진다는 밤에 학교 운동장에 모여 밤하늘을 함께 보자고 말이다. 친구들은 흔쾌히 내 제안을 수락했다. 그렇게 5명의 친구가 밤 10시에 학교 운동장으로 모이기로 했다.

별똥별이 무수히 떨어진다는 날 10시에 학교 운동장에 모인 나와 친구들은 들뜬 마음으로 밤하늘을 관찰하기 시작했다. 그 날따라 날씨가 추웠던 만큼 밤하늘은 맑았다. 그렇지만 처음엔 아무런 현상도 관찰되지 않았다. 삼십 분 정도 지나서였을까? 별똥별 하나가 순식간에 하늘을 가로지르더니 사라졌다. 동시다발적으로 나와 친구들은 탄성을 질렀다. 태어나서 별똥별을 처음 봤기 때문이다. 추운 밤 집에서 게임을 하지 않고 나오길 잘했다는 생각이 들었다.

추운 겨울밤에 별똥별을 보겠다고 학교 운동장에 모인 건 어린 내겐 모험이었다. 초등학생이 늦은 시간까지 집에 귀가하지 않고 집 밖에 있는 게 당시엔 일반적이지 않았기 때문이다. 그럼에도 나와 친구들은 끝내 별똥별을 구경했고 소원을 성취했다. 돌이켜 보면 어린 시절에도 내겐 항상 소소한 꿈과 목표가 있었었다.

약대 편입에 실패 후 나는 무스펙인 상태로 취직 준비를 시작했다. 당시 내겐 취업에 성공하는 것이 목표였지만, 모든 게 막막한 상황이었다. 취직하기 위해 어떤 준비를 해야 할지 어떤 회사가 좋은지조차 몰랐다. 친구에게 조언을 구하려고 해도 내가 아는 게 없다 보니 취직에 대한 두리뭉실한 질문밖에 할 수 없었다. 내가 추상적인 질문을 하면 친구는 "네가 전혀 방향성을 못 잡고 있으니 좀 더 알아봐야 한다"라며 매몰차게 대답했다.

오로지 내가 할 수 있는 건 내가 이해하는 선에서 들리는 취업정보와 기회를 통해 하나하나 취업에 대해 알아가는 것이었다. 동기들은 좋은 회사만 골라 입사지원을 했지만 나는 아무 회사나 일단 지원하고 봐야 했다. 처음엔 자기소개서 쓰는 방법도 제대로 몰라서 학교의 취업지원센터를 적극적으로 이용했다. 또한, 학교에서 회사와 연계해서 취업시켜주는 제도도 백방으로 알아봤다.

뭐라도 찾고 노력하다 보니까 기회가 찾아왔다. 학교에서 취업 연계된 회사로부터 면접을 보러 오라는 연락이 온 것이다. 중간에 서류전형이 있었던 게 아니라서 가능한 일이었다. '내게도 면접을 볼 기회가 생기다니!' 나는 잔뜩 기대에 부풀어 면접을 준비했다.

내가 최초로 면접 본 회사는 '요기요'라는 배달주문 회사였다. 그러나 막상 면접장에 도착해서 난감한 상황을 마주해야 했다. 내가 쓴 자기소개서에는 전공과 관련된 내용이 별로 없었다. 그 점이 의아했는지 면접관들이 질문했다.

"보성 씨는 전공에 관심이 있으신가요?"

"네. 사실 전공과 관련된 대외활동을 할 기회가 적어서 별다른 내용을 적지 못했을 뿐입니다…."

다른 지원자들은 각자의 경험과 강점에 대한 질문을 받곤 했는데, 나는 전공이 적성에 맞는지에 대한 근본적인 질문만 받았다. '자신감 있는 태도라도 보이자'라고 다짐하며 면접장에 들어갔는데 시간이 지날수록 그건 의미 없어 보였다. 누가 봐도 소리만 요란한 빈 수레 같았기 때문이다.

면접이 끝나고 집에 도착한 나는 집 근처 공원을 돌면서 한숨만 푹푹

쉬었다. 그렇게 내 첫 면접은 내 마음속에 상처만 남긴 채 끝났다. 혹시나 했는데 역시 아니었다.

과거는 과거일 뿐이었다. 지나간 일에 매몰되면 나아갈 수 없었다. 나는 지속적으로 인턴모집 공고를 확인했다. 그러다 한 중견 회사의 인턴모집 공고에 지원해 서류전형에 합격할 수 있었다. 면접 준비를 위해 나는 취업 커뮤니티 카페를 찾아봤다. 카페에는 인턴 서류전형에 합격한 지원자들을 위한 단체 카톡방이 개설되어 있었다.

단체 카톡방에 지속적으로 서류전형 합격자들이 들어왔다. 그러다 어느 순간부터 면접 스터디를 모집하려는 사람들이 생기기 시작했다. 하루는 단체 카톡방을 확인하다가 면접 스터디원을 모집한다고 하길래 바로 참여하고자 마음먹었다. 당시 나는 가족들과 집에서 김치를 담그는 중이었다. 고춧가루 묻힌 고무장갑으로 핸드폰을 만질 수 없어서 발가락으로 핸드폰 자판을 눌러 스터디 참여 신청을 했었다.

그렇게 나는 가장 먼저 생성된 스터디 조에 참여할 수 있었다. 이 스터디 조에 참여하게 된 게 내겐 신의 한 수였다. 가장 빨리 스터디 조를 결성해서 면접을 준비하고 싶었던 사람들이었던 만큼 모두 열정이 넘쳤다. 모두 간절히 인턴에 합격하고 싶었던 터라 한 명도 빠짐없이 매 스터디 모임에 참석했다.

스터디를 하면서 각자가 가진 다양한 경험과 생각들을 공유할 수 있었다. 또한, 스터디마다 각자 다양한 자료를 준비해서 서로에게 도움이 돼줬다. 이 인턴 스터디를 시작으로 나는 할 수 있다는 자신감을 조금씩 되찾기 시작했다. 다른 취업 방법을 찾아보고 취업커뮤니티를 적극적으로 활용하기 시작했다. 그 과정에서 나는 어떻게 취업을 준비해야 할 지에 대한 방향성을 조금씩 잡아갈 수 있었다.

면접 전날 마지막 스터디 모임에서 우리 조원들은 모두 합격하자는 결의를 다지면서 헤어졌다. 조원의 바람대로 모두가 인턴에 합격했으면 얼마나 좋았을까? 안타깝게도 조원 중 한 명만이 인턴 합격의 기쁨을 누렸다. 하지만 그렇다고 우리의 만남이 여기에서 끝난 건 아니었다. 우린 서로에게 끊임없이 취업과 관련된 정보를 공유하고 서로를 응원했다.

인턴에 합격한 친구는 인사팀에 발령 나서 인사 담당자로부터 각 지원자에 관한 얘기를 들을 수 있었다고 한다. 덕분에 우리 조원들은 인턴 면접에서 각자가 어떤 점이 부족해서 떨어졌는지 상세히 알 수 있었다. 취업 준비생이라면 어디에서도 들을 수 없는 소중한 정보였다. 이는 훗날 면접 볼 때 상당한 도움이 됐다.

비록 한 명을 제외하고 모두 인턴합격에 실패했지만, 나는 우리 조원들이 여기서 멈출 거로 생각지 않았다. 모두가 더 좋은 곳에 합격할만한 잠재력이 있다고 믿었기 때문이다. 아니나 다를까? 인턴 스터디를 끝낸 지 2개월 후, 내가 처음 취직에 성공했고 연이어 다른 친구들도 괜찮은 회사에 취직하게 됐다. 한명 한명 취직에 성공할 때마다 우리는 서로를 진심으로 축하해줬다.

매스컴에서는 해가 거듭될수록 취직이 더 어려워진다고 했었다. 그러나 우리 조원들은 모두 대학교 졸업 전에 취직에 성공했다. 열정적인 에너지를 서로 공유하고 응원해줬기 때문에 가능했던 일이라 생각한다. 나는 지금도 인턴 스터디 조원들끼리 주기적으로 모임 자리를 갖는다. 조원들끼리 함께 모일 때면 우린 당시를 떠올리며 최선을 다했던 취업 준비생 시절을 회상하곤 한다. 그때만큼 열정적으로 취업을 준비했던 때도 없었으니 말이다.

꿈이라고 하면 왠지 상위 1%에게만 주어지는 특권인 것 같고 그들에게만 어울리는 말이라 생각하기 쉽다. 그러나 그렇지 않다. 꿈은 누구에게나 허락된 특권이다. 무스펙이었던 내게도 취직의 꿈이 있었다. 무스펙인 사람이라고 꿈을 꾸지 못하는 건 아니지 않은가. 실패하고 좌절 속에서도 나는 취직의 꿈을 포기하지 않았다. 꾸준히 꿈을 향해 노력하다 보니 기회가 생겼고, 그 기회를 통해 다른 기회를 잡을 수 있었다. 그러므로 당신이 어떤 상황에 있건 꿈꾸기를 주저하지 않았으면 한다. 꿈은 포기하지 않는 모두의 것이니깐.

꿈은 다른 사람이
찾아주는 것이 아니다

어느덧 내 나이는 서른 중반을 바라보고 있다. 분명 대학생 때까지만 해도 시간이 빨리 지나간다고 생각해본 적이 없었다. 그러나 회사에 다니면서 시간은 날개를 단 것처럼 빠르게 흘러갔다. 여느 회사원들과 같이 나는 다람쥐 쳇바퀴 굴러가는 생활을 하며 지내고 있다. 회사에 출근하면 늘 정신없이 업무를 보느라 하루가 쏜살같이 지나간다.

때때로 퇴근할 때쯤 찾아오는 갑작스러운 회식은 내 분노 게이지를 상승시키곤 한다. 그래도 어쩔 수없이 회식 자리에 참석한다. 주말 지나 월요일에 눈 비비며 출근한 게 엊그제 같은데 어느덧 금요일 날 출근한 나 자신을 발견하곤 한다.

금요일이 되면, 내일은 주말이라는 생각에 서서히 기분이 좋아지기 시작했다. 그러다 일요일 오후가 되면, 내일 아침에 출근해야 한다는 생각에 서서히 불안해진다. 어떤 직장인도 월요병을 피할 수는 없다. 월요일 아침에 눈을 뜨기 싫은 적이 한두 번이 아니었다. 이렇게 지내면서도 나는 다음 주말과 월급날을 꼬박꼬박 기다린다. 모든 직장인이 이와 비슷하게 느끼리라.

종종 나는 '내가 하고 싶은 일을 하며 살 수 있다면 얼마나 좋을까?'라고 상상하곤 한다. 이런 상상을 할 때마다 상상한 내용과 그렇지 않은 내 현실과의 괴리가 느껴졌다. 사실 지금 내가 하는 업무는 자아실현과는 거리가 멀고, 오직 밥벌이를 위해서 하기 때문이다. 만약 내가 직장 내에서 이루고 싶은 꿈이 있었다면, 하루하루가 즐겁지 않았을까?

직장생활을 4~5년 정도 하면 대략적인 자신의 미래가 그려지기 마련이다. '5년 후 미래가 내 옆에 있는 사수와 같고, 10년 후 미래가 내 앞에 있는 과장님과 같겠지?'라며 나 역시 상상해봤다. 하지만 안타깝게 그런 미래를 떠올렸을 때 가슴이 뛰지 않았고, 미래의 그림 또한 선명하게 그려지지 않았다.

무엇보다 10년, 20년 앞선 선배들의 모습에서 장밋빛 미래가 없는 것처럼 보였다. 그러다 보니 직장 다닐 때 차근차근 미래를 준비해야겠다는 생각이 많이 들었다. 평범한 사람이 직장에서 성공한다는 것은 쉽지 않은 일이다. 평범하다는 것은 다른 사람들과 비교했을 때 이렇다 할 경쟁력이 없다는 말이기 때문이다.

자기계발을 하지 않는 사람은 학교에서 배운 지식만으로 삶을 살아가야 해서 피 터지는 경쟁사회에서 도태되기 마련이다. 스스로 평범하다고 생각했던 나는 성공하기 위해선 부단히 자기계발을 해야겠다 마음먹었다. 힘들수록 자기계발에 목숨을 걸어야겠다는 생각으로 말이다. 자기계발은 하면 좋고 안 해도 되는 취미 같은 것이 아니다. 가장 중요한 나 자신의 삶을 바꾸기 위해서는 대출이라도 받아서 하는 게 자기계발이라고 여겼다. 그 정도로 나는 절실했다.

이런 일련의 생각들을 하면서 나는 나 자신을 다시 돌아보게 됐다. 여태까지 나는 회사에 적응하려고만 했지 제대로 나다운 꿈에 도전해본 적이 없었다. 항상 나를 정리하고 파악하기만 했지 실제로 내가 그런 사람인지 시험해본 적이 없었다. 그래서 내 가슴을 뛰게 하는 꿈을 찾기 위해 책 쓰기에 도전하게 됐다.

지금 책 쓰기에 도전하지 않으면 매일 월요일마다 도살장에 끌려가는 소처럼 일하는 일상의 반복일 것만 같았다. 직장생활만 하다가 후회하기는 싫었고 지금보다 더 나은 삶을 살고 싶었다. 이제 나는 더 이상 내 꿈을 밖에서 찾지 않기로 했다. 답은 오직 내 안에서 있고, 내 안에서 찾은 꿈을 생각할 때 가슴도 뛴다는 것을 깨달았다. 그래서 나는 지금 하는 이 도전이 자랑스럽다.

'백드롭 페인팅'을 들어본 적이 있는가? 미술 전공인이라면 많이들 알고 있지만, 일반인들은 소규모 원데이 클래스로 배우지 않는 이상 잘 모른다. 백드롭 페인팅은 색을 통해 심리를 반영하는 추상화다. 눈에 띄는 명확한 디테일은 없으나 전반적으로 색채와 기법을 통해 오묘한 매력을 선보인다. 특히 색 선택에 따라서 전체적인 분위기가 완성되는 게 백드롭 페인팅의 특징이다.

보통 사람들은 그림이 예술적 재능을 가졌거나, 혹은 어느 정도 손재주가 있어야 완성된다고 생각한다. 하지만 백드롭 페인팅은 자신이 원하는 색감과 무드를 결정하고 손 가는 대로 그리다 보면 완성할 수 있다.

프랑스를 여행하면서 나는 퐁피두 센터, 피카소 박물관에 있는 여러 추상화 작품을 보며 즐겁게 보낸 기억이 있다. 박물관에 있는 추상화 작품들 앞에서 나는 혼자 끊임없이 생각한 후, 그림에 붙은 설명과 비교해 보았다. 희한해 보이지만 작품마다 화가들의 의도가 곳곳에 숨어있었다. 그림을 관람하는 자와 화가 사이에 눈치 게임을 하는 느낌이었다. 작품을 보면서 화가의 의도를 먼저 눈치챈다면 추상화를 보는 재미는 배가 된다.

하루는 친구가 백드롭 페인팅 원데이 클래스를 함께 듣자고 제안해왔다. 친구는 자신이 힘들 때 그림을 그리면서 많은 위로를 받았다고 했다. 내게도 좋은 경험이 될 거라며 한 번쯤 이 클래스를 들어보는 게 좋다고 했다. 처음엔 백드롭 페인팅이 뭔지 몰라서 친구의 제안을 거절하려 했는데 추상화라고 해서 바로 그 제안을 받아들였다.

이번 원데이 클래스에서는 나만의 추상화를 그린다고 하니 너무나 기대됐다. 내 의도대로 그림을 그리지만, 누군가에겐 다르게 해석될 수 있었기 때문이다. 수업 날이 되어 화실에 도착한 나는 열심히 수업에 참여했다. 우선 선생님께서 개개인에게 공책 크기만 한 캔버스와 페인팅 나이프를 제공했고, 그리는 방법을 차근차근 설명해주셨다.

페인팅 나이프로 색상을 칠할 때는 아크릴 물감과 모델링 페이스트를 이용했다. 페인팅 나이프에 물감과 모델링 페이스트를 묻혀 캔버스에 얇게 바르거나 두껍게 발라서 색감을 표현할 수 있었다. 일반적으로 그림은 스케치 단계를 거쳐 채색하지만, 백드롭 페인팅은 스케치 없이 물감과 모델링 페이스트만으로 캔버스를 채운다. 그래서 처음 색상을 정하는 과정이 가장 중요했다.

색상이 우리에게 주는 감성들은 다양하다. 색상 하나하나가 가지고 있는 신비로움이 있다. 빨강은 에너지와 정열, 노랑은 행복, 보라는 자기성찰을 나타내는 등등. 각자 개인이 그리고 싶은 콘셉트를 떠올리거나 인터넷을 참고해서 색상을 정하기 시작했다. 총 10명의 사람이 함께 그리기 시작했는데 신기하게도 모두 다른 색감을 표현하고 있었다.

나는 꿈을 향한 열정을 표현하고자 빨강, 노랑, 주황색을 선택했다. 노란색과 주황색을 이용해 노을이 연상되는 배경을 만들어 놓고 그 위에 빨간 연기가 퍼져나가는 듯한 그림을 그렸다. 특별한 손재주가 없어도 간단한 의도만 가지고도 그림이 완성된다는 게 신기했다. 충분히 내 의도대로 그림을 표현할 수 있었고, 완성된 그림을 통해 좋은 추억과 만족감 또한 얻을 수 있었다.

백드롭 페인팅을 그리면서 그림을 그려가는 과정이 꿈을 이뤄나가는 과정과 유사하다는 생각이 들었다. 처음엔 흰색 캔버스 상에 아무것도 없는 상태로 그림을 그리기 시작한다. 그러다가 그리려는 주제가 정해지면 색상을 조합하고 여러 질감을 표현해 점차 구체적인 작품을 만들어가게 된다. 본인 의도대로 그려 독창적인 작품을 만들 것인지 멋진 남의 작품을 따라 만들 것인지는 본인이 선택하기 나름이다.

꿈도 이와 마찬가지다. 처음엔 꿈도 구체적이진 않고 대략적인 형상으로만 존재한다. 그러다 나다운 생각이 입혀지고 구체화 되면서 나만의 꿈이 탄생하게 되는 것이다. 때론 남이 정해 놓은 꿈을 꾸기도 한다. 하지만 내 안에서 발견된 꿈만이 나다운 독창적인 미래를 완성해 나갈 수 있다. 나와 함께 원데이 클래스를 들었던 10명의 작품 모두 개성 있었다. 꿈도 각자 특색이 있기 마련이다. 그러므로 자신만의 꿈은 밖에서 찾는 것이 아니라 안에서 찾아야 한다.

꿈을 가진 사람은
버티는 게 정답이다

고등학교 생활은 내 인생의 암흑기였다. 그런 암흑기 속에서 록(Rock)음악은 큰 힘이 돼줬다. 주로 나는 펑크 록 음악을 듣곤 했다. 펑크 록의 신나는 리듬과 일렉기타 소리는 공부로 지쳐있던 내 마음을 들뜨게 했다. 록 음악을 좋아하다 보니 자연스레 록을 좋아하는 친구들과 친해졌다.

친구들끼리 자신이 알고 있는 록 음악을 공유했고, 새로 나온 록 음악이 있으면 미리 알려주기도 했다. 기숙사에서 이 친구들과 함께 록 음악을 흥얼거리거나 관련 영상을 볼 때면 너무나 행복했다. 외국 록 페스티벌이나 해외 록밴드 콘서트 영상을 볼 때면 사람들이 신나게 뛰고 부딪치며 즐기는 모습을 자주 볼 수 있었다. 실제 그 가운데 있지 않아 당시엔 어떤 느낌인진 몰랐다. 그래도 언젠가 그 콘서트장 안에서 놀고 싶다는 생각을 하곤 했다. 그때가 언제가 될지는 알 수 없었다.

하루는 친구들과 기숙사 방에 모여 록 페스티벌 영상을 보고 있었다.

"우리 나중에 Rock AM Ring이나 Summer sonic 같이 외국에서 열리는 록 페스티벌에 꼭 가보자."

Rock Am Ring은 독일에서 열리는 록 페스티벌로 독일의 음악 축제 중 가장 큰 페스티벌 중 하나며, Summer sonic은 일본에서 열리는 큰 록 페스티벌 중 하나다.

너무 꿈 같은 얘기였다. 가면 너무 좋겠지만, 지금은 공부하느라 마음의 여유가 없었다. 해외 록 페스티벌에 간다는 건 당시 우리에겐 너무나 터무니없는 소리였다. 단순히 록음악을 듣는 정도로 만족해야 했던 만큼 우린 서로 웃으며 넘어갔다.

어느덧 우리는 고등학교를 졸업하고 성인이 됐다. 우연인지 모르겠지만, 록음악을 좋아했던 친구들과 나는 모두 재수를 했다. 재수하는 동안 대학생이 된 친구들을 보며 정말 힘든 시간을 보냈다. 성인이 됐지만 자유롭게 생활하기보단 학원 교실에 앉아 아침부터 밤까지 공부하고 있었으니 말이다. 재수하는 동안 우리는 자주 연락하진 않았지만, 종종 서로의 안부를 묻곤 했다. 길고 긴 재수 생활을 끝내고 우리는 어느덧 대학생이 됐다.

대학생이 돼서 만났을 때, 모두 한층 밝은 얼굴을 하고 있었다. 우리는 여전히 록 음악을 주제로 대화했다. 나를 제외한 나머지 친구들은 전부 밴드 악기를 하나씩 연주하고 있었다.

한 친구는 학교 중앙동아리 록 밴드에 들어가 일렉기타를 연주했고, 한 친구는 교회와 학교에서 드럼을 쳤다. 종종 우리는 홍대 합주실을 빌려 쉬운 록음악을 연주하기도 했다. 일렉기타와 드럼연주자가 있으니 자연스레 내가 베이스와 노래를 담당했다. 록음악을 매번 듣기만 하다가 연주를 해보니 더 재밌고 짜릿했다. 고등학생 때는 생각만 해오던 걸 실제로 다 해보니 행복했다.

록음악에 대한 우리의 열정은 밴드 합주에서 그치지 않았다. 서울에서 열리는 록 페스티벌도 함께 갔다. 10년 전 록 페스티벌은 록 마니아들이 선호하는 가수 라인업에다 분위기 또한 록 콘서트장 같은 느낌이었다. 당시엔 공연장 내에서 주변 관객들과 몸을 부딪치면서 공연을 보는 '슬램'을 자주 목격할 수 있었다.

밴드 연주가 처음 시작되다가 클라이맥스 부분에 다다르려고 한다. 그러나 바로 클라이맥스에 진입하지 않고, 클라이맥스 직전 전주를 반복하기 시작한다. 그러면 군중 가운데 누군가가 시작해서 사람들 사이에 큰 원형 공간을 만들게 유도한다. 어느새 지름 3~4m에 달하는 원이 만들어지고 사람들은 원형 공간 안으로 뛰어들 준비를 한다.

길고 긴 반복 전주가 끝난 후 클라이맥스 연주가 시작되면, 사람들이 동시다발적으로 빈 원형 공간으로 뛰어든다. 슬램이 시작되는 것이다. 이런 모습은 늘 록 페스티벌 영상으로만 봐왔었다. 그러다 실제 록 페스티벌에 가서 내가 그 행위를 하고 있다니 감격스러웠다. 고등학교 때부터 즐기고 싶었던 록 페스티벌이었기 때문이다.

우리는 록 페스티벌에 가는 것에 그치지 않았다. 2010년 현대카드에서 초청한 유명 펑크 록가수 그린데이 콘서트도 함께 갔었다. 그린데이는 고등학생 때 내가 제일 좋아하던 펑크 록 가수였다. 매번 그린데이 노래를 PMP로만 들었었는데 실제 그들을 콘서트장에서 볼 수 있다는 게 꿈만 같았다.

콘서트 예매를 마치고 시간이 흘러 그린데이 카페에 그린데이가 콘서트에서 부를 곡 리스트가 떴다. 콘서트 곡 리스트가 뜬 후 나는 미친 듯이 그린데이 노래 가사를 외웠다. 콘서트장에서 그들의 모든 노래를 다 따라 부르기 위해서였다. 그래야 나중에 후회가 없을 것 같았다. 당시 나는 수능 공부할 때보다 더 집중해서 가사를 외웠던 것 같다. 그 누구보다 나는 콘서트장에서 내 열정을 불태울 준비가 돼있었다.

시간이 지나 그린데이 콘서트 날이 됐다. 친구들과 나는 잠실에서 만나 올림픽 경기장으로 향했다. 내 머릿속에는 그린데이의 모든 플레이리스트가 담겨있었다. 콘서트에서 나는 미친 듯이 노래하고 뛰었다. 나와 친구들은 콘서트가 끝나고 모두 다리에 엄청난 근육통을 느꼈었다. 우리는 근처 사우나에서 하룻밤을 자고 다음 날 귀가했다. 콘서트를 갔다 오고 나는 1주일 정도 근육통을 앓았다. 하지만 그 근육통이 생겼다는 사실마저 행복했었다. 그 어느 때보다 그 순간을 즐기다가 생긴 근육통이었으니 말이다.

시간이 흘러 나와 친구들은 어느새 직장인이 됐다. 대학 졸업하기 전에 서로 어떻게 해야 취직할 수 있냐며 푸념하면서 걱정했던 게 엊그제 같은데 말이다. 직장인이 됐어도 이전에 우리가 가지고 있던 록 스피릿은 여전했다.

오랜만에 친구들끼리 모인 자리에서 한 친구가 핸드폰을 가리키며 얘기했다.

"올 8월 Summer sonic 가수 라인업이 나왔는데 꽤 괜찮더라. 오사카에서 개최한다는데 시간 되면 같이 갈래?"

"좋아, 가자!"

"이야~ 우리 고등학생 땐 말로만 가보자 하던 곳을 진짜 가보겠네."

감회가 새로웠다. 고등학생 때는 우스갯소리로 해외 록 페스티벌에 가보자고 했는데 직장인이 돼서는 진짜 해외 록 페스티벌을 가려고 하니 말이다. 예전에 우리는 Rock Am Ring에 가자고 얘기했었다. 그러나 독일은 너무 멀었고 상대적으로 일본이 가까운 선택지였다. 그렇게 우리는 오사카행 비행기와 Summer sonic 티켓을 예매했다.

Summer sonic은 우리나라 록 페스티벌과 비교했을 때 스케일 자체가 달랐다. 무대가 열리는 스테이지 개수도 많았고 가수 라인업에도 많은 차이가 있었다. 스테이지에서 스테이지로 이동하려면 적어도 10분은 더 걸어야 했고, 여러 스테이지가 있던 만큼 선택과 집중을 해야만 했다.

규모가 큰 페스티벌인 만큼 다양한 사람들이 있었다. 수많은 일본 록 마니아뿐만 아니라 해외 각지에서 온 외국인 록 마니아들도 많았다. 록에 진심인 사람들이 많다 보니 어느 스테이지를 가든 열정 넘치는 광경들이 보였다. 미칠 줄 알고 즐길 줄 아는 록 마니아들을 보면서 '한국 록 페스티벌은 정말 아무것도 아니었구나'라는 것을 느꼈다.

한국에서는 쉽게 느낄 수 없는 체험을 했고, 그들 덕분에 록 페스티벌을 더 의미 있게 즐길 수 있었다. 그렇게 우리는 고등학교 때 간직하고만 있던 꿈을 이루게 됐다. 다음 해 코로나가 전 세계적으로 유행했고, 한동안 록 페스티벌은 열리지 않았다. 훗날 우리는 가슴을 쓸어내리며 그때를 추억했다. 그때 만약 우리가 Summer Sonic을 안 갔었다면 평생 후회했을 거라고 하면서 말이다.

꿈을 가진 모든 사람이 자신의 꿈이 이뤄지기를 소망한다. 하지만 꿈이 이뤄지기까지는 많은 시련의 터널을 통과해야 한다. 때론 그 과정에서 돌부리에 걸려 넘어질 수 있고, 짙은 어둠만 보일 때도 있을 것이다. 그러나 꿈이라는 목표만 단단히 잡고 있으면 당신은 충분히 그 시련을 이겨낼 수 있다.

꿈은 끝까지 도전하는 사람의 몫이다. 따라서 꿈을 향해 나아갈 때 힘든 일이 따르더라도 끝까지 노력하는 끈기가 필요하다. 꿈은 최후의 1분, 최후의 1m를 참아내지 못하면 절대 이룰 수 없다. 어떤 어려움 속에서도 포기하지 않는 자만이 목표에 도달할 수 있다. 길고 긴 도전을 버티는 게 쉬운 일은 아니다. 그러나 꿈을 이룬 사람들은 어떤 상황 속에서도 버티고 버텼다. 끝까지 버틴 덕에 성공이란 결실을 얻었다. 꿈은 까마득히 멀리 있는 것이 아니다. 대게 우리가 손을 뻗치면 닿을 수 있는 가까운 곳에 있기 마련이다. 그러므로 자신만의 꿈을 가진 사람은 버티는 게 정답이다.

결과가 아닌 과정을
살아가는 인생을 살아라

2011년 3월 추운 겨울, 나는 군에 입대했다. 그때 군대에 무슨 계급이 있는지 어떤 휴가가 있는지조차 몰랐다. 군에 대해서는 완전 무지한 상태라고 봐도 무방했다. 다행히 훈련소에 들어간 지 얼마 안 돼서 군의 기본 체계를 이해할 수 있었다. 훈련소에서는 매일 정해진 시간에 일어나고 훈련했으며 주말에는 종교활동을 했다.

주말에 있는 종교활동은 내게 큰 위안이 됐다. 내가 있던 신병교육대에서는 교회에서 주는 간식이 근사했다. 천주교 신자였던 나도 간식의 힘 앞에서는 속수무책이었다. 교회에 가서 세례까지 받고 햄버거를 얻어먹기도 했으니 말이다.

하느님을 믿는다는 점에서 천주교와 공통분모가 있는 만큼 교회에서도 군 생활을 잘 극복하게 해달라고 나는 진심으로 기도드렸다. 하루는 교회에서 훈련병들에게 종이를 한 장 나눠주면서 기도문을 작성하라고 했다.

좋은 기도내용을 적은 사람에게 전화할 수 있게 해주겠다는 것이었다.

당시 훈련소에서는 외부에 전화할 수 없었는데 때마침 훈련병들에게 좋은 기회가 주어진 것이다. 나는 진심을 다해 기도문을 작성했고, 결국 여러 훈련병 가운데 뽑혀 부모님께 전화할 수 있었다. 간식만 생각하고 교회에 갔다면 내게 이런 기회는 없었을 것이다. 진정성 있는 마음을 갖고 기도하는 데 집중하다 보니 좋은 행운도 따라줬던 것이다.

자대 배치를 받은 지 얼마 안 됐을 때였다. 부대에선 태권도 단증을 따면 2박3일 휴가를 줬다. 군인이 되니 군인에게 포상휴가가 얼마나 귀한 건지 자연스레 깨달았으리라. 태권도 단증을 따기 위해 나는 틈틈이 노력했다. 일과 시간에는 연습할 시간이 없어 야간근무 시간과 주말 시간을 이용해 태극 1장부터 8장까지 연습했다. 선임 중에 태권도 유단자가 있어서 그분께 도움을 요청하기도 했다.

태권도 단증 심사는 내 신병휴가 첫날 오전에 있었다. 보통 휴가 날에는 만사 제쳐놓고 빠르게 집으로 향하기 바쁜데 나는 포상휴가를 위해 내 휴가의 반나절을 심사에 할애했다. 다행히 나는 태권도 심사에 통과했고 2박3일 포상휴가까지 받을 수 있었다.

자대 배치를 받고 대대전술 훈련을 할 때도 나는 포상휴가를 받았다. 군기가 바짝 들어있는 신병으로서 모든 훈련을 FM대로 했다. 군장을 싸더라도 25kg 짐을 다 넣었고, 모든 단계를 생략 없이 진행했다. 산악행군을 하면서 무거운 군장을 짊어지고 가느라 막바지에는 정말 포기하고 싶었다. 그래도 포기하지 않고 산 정상에 도착했다.

산 정상에서 모든 대대원이 모였을 때, 갑자기 대대장님이 소리쳤다.

"여기서 군장을 하나도 빠짐없이 싼 사람에게 포상휴가를 주겠다. 검사 실시!"

매번 훈련 때 거짓으로 군장을 싸는 사람이 많은 것을 안 대대장이 이번에도 어김없이 검사를 시작한 것이다. FM대로 짐을 챙긴 만큼 내가 포상휴가를 안 받을 이유가 없었다. 애초에 짐을 덜 챙길 생각도 없었지만, 주어진 환경에서 묵묵히 최선을 다하다 보니 이런 행운도 따라줬다.

나는 위 사례 말고도 많은 포상휴가를 받았다. 내 능력이 뛰어나서 포상휴가를 받았다는 얘기를 하려는 게 아니다. 매 순간 최선을 다하다 보니 그에 따른 보상이 주어진 것이다. 아무리 힘든 상황 속에서도 최선을 다하다 보면, 그에 합당한 보상이 어떻게든 돌아온다는 것을 깨달을 수 있었다.

첫 직장을 퇴사하고 이직 준비할 때였다. 내게 이직 준비는 낯섦 그 자체였다. 우선 경력직으로 지원해보는 게 처음이었고, 신입 때와는 다른 콘셉트로 입사지원을 해야 했다. 또한, 회사에 다니면서 입사지원을 한 게 아니기에 지금의 내 상황을 면접관에게 잘 설명해야 했다.

이직은 쉽지 않았다. 첫 번째 직장을 구할 때는 지원한 회사가 열 군데가 채 되지 않았지만, 이직 준비할 때는 80군데가 넘는 회사에 지원했다. 경력이 있음에도 합격률이 저조한 게 씁쓸했다. 하지만 포기하지 않았다. 서른 군데 넘는 회사에 지원했을 때, 나는 A4용지 한 장에다가 구체적으로 가고 싶은 직장의 조건을 써내려갔다.

'연봉은 기존에 받는 것보다 많이 받는다.'

'서울에서 출퇴근하며 출퇴근 시간이 이전보다 줄어든다.'

'워라벨이 괜찮아진다.'

꼭 이런 조건을 갖춘 직장에 입사했으면 하는 바람이 있었기에 나는 끝없이 적은 내용을 되뇌었다. 취업 커뮤니티와 유튜브 채널을 통해 이직 합격률을 높일 수 있게 끊임없이 탐구했다. 공고가 나올 때마다 최대한 빨리 지원서를 쓰고, 쓸 때마다 내 강점을 어필하기 위해 계속해서 자소서를 다듬었다. 그러다 보니 어느 순간부터는 지원하는 회사마다 서류전형에 합격했다. 결국, 나는 지원한 여러 회사 중에 좋은 곳을 선택해서 입사할 수 있었다.

놀라운 사실은 최종 선택한 회사가 내가 원하는 여러 조건을 거의 충족시켰다는 점이다. 연봉은 기존보다 약 20%가량 높았고, 출퇴근 시간은 기존보다 절반으로 줄었다. 성공적인 이직이었다. 이는 A4용지에 적은 대로 간절히 꿈꾸다 보니 가능했던 일이 아니었을까? 80군데가 넘는 곳에 이력서를 쓰면서 나는 수없이 불합격의 쓴맛을 보았다. 그러나 결국은 꿈꾼 대로 이뤄졌다. 합격이란 결과보다 과정을 생각하며 버티다 보니 이런 결과가 있었다.

첫 직장에서 처음 발령받은 팀에서 나는 잘 적응하지 못했다. 팀 내에서 매번 겉돌았다. 상사는 나보다 후배를 더 편애했고 내게 업무를 주지 않았다. 당시 부서 내에서 새로 생긴 팀이 있었는데 새로운 인원을 채용할지 다른 팀에서 차출할지 여러 소문이 무성했다. 마음 같아선 새로 생긴 팀으로 옮기고 싶은 마음이 굴뚝같았다.

마침 주말 근무 때 새 팀의 팀장님과 내가 같은 근무조였다. 그때 나는 팀장님께 자연스레 면담을 신청하고 싶었다. 단둘이 있는 상황을 빌어 팀장님께 내 상황과 나에 대해 일목요연하게 말씀드리면, 지금의 상황을 바꿀 수 있지 않을까 생각했다. 그래서 나는 내 상황과 나를 객관적으로 정리해나가기 시작했다.

팀장님을 설득하려는 내용을 정리하다 보니 나에 대한 여러 상황을 객관적으로 볼 수 있었다. 2년 동안 나는 업무 방향성이나 목표가 없어서 더 방황했었다. 어떤 일을 하더라도 마치 내 일처럼 생각하고 행동하면 회사에서 성공한다고 했는데 그러지 못했다.

돌이켜 보니 나는 직접 내가 하나부터 열까지 기획하고 뭔가를 해냈을 때 내 일처럼 생각하고 행동했었다. 대학교 3학년 때 공모전을 준비하며 팀을 이끌었을 때와 어떤 여행을 기획할 때 마치 사장님처럼 내 일인 것처럼 임했었다. 하지만 회사에선 신입이다 보니 기획은커녕 시키는 것만 해도 모자라는 입장이었다. 그러나 정리하다 보니 스스로 주변 핑계를 많이 대기도 했다. 워라벨을 핑계로 무책임한 행동을 했었고, 나를 꾸짖는 상사와 주변 시선을 나쁘게만 바라봤다.

무엇보다도 팀을 옮기고 싶은 이유가 객관적으로 봤을 때 회피하려는 느낌이 강했다는 게 스스로 부끄러웠다. 근본적인 문제를 타파해나갈 생각은 안 하고 회피할 생각이나 하고 있으니 말이다. 이를 계기로 나를 좀 더 객관적으로 알 수 있었다. 또한, 힘들다고 그 상황을 회피하는 건 의미 없다는 사실을 깨닫게 됐다.

우리는 실패한 결과만 보고 꿈을 이루지 못한 것 같다고 느낄 때가 있다. 하지만 결과를 내는 과정에서 생각보다 많은 것을 배우며 성장한다. 그러다 보면 다음 꿈이나 목표를 향해 갈 때 지금의 실패가 도움이 된다. 단지 그게 결과로 나타나야 우리는 해냈다고 생각하는 경향이 있을 뿐이다.

때론 업무를 하면서 결과가 중요할 때가 있다. 하지만 업무와 우리 인생을 비교하기엔 무리가 있다. 우리 인생은 업무처럼 때때로 단기적이지 않다. 무조건 장기적이다. 자기 자신을 두고 봤을 때 바로 코앞에 결과만 보고 사는 게 아니라면 우리는 결과가 아닌 과정을 살아가는 인생을 살아야 한다.

다른 이에게 동기부여가 되는
선한 영향력

직장 2년 차에 홀로 스페인 여행을 일주일 다녀왔다. 한번 유럽 여행을 홀로 가보니까 두 번째 유럽 여행은 큰 두려움 없이 갔다 올 수 있었다. 스페인에서 나는 주로 호스텔 도미토리를 이용했다. 도미토리를 이용하다 보니 자연스레 다양한 유럽 국가에서 온 친구들을 만날 수 있었다.

세비야에서 당일치기로 코르도바를 갔다 오고 저녁에 숙소에 들어왔을 때였다. 씻고 잠을 청하려는데 어젯밤 늦게 들어온 룸메이트가 내게 인사를 해왔다. 그는 그리스에서 온 27살 오르페우스라는 친구였다. 우린 서로 얼마나 스페인에 머물렀는지부터 시작해 자면서 자신의 코 고는 소리 때문에 깨진 않았는지 등 얘기를 시작했다. 그러다 잠자려는 친구가 생겨서 숙소 로비로 나갔다.

로비로 나가서 오르페우스와 얘기를 하는데 옆에 있던 여러 친구가 우리에게 말을 걸어왔다. 우리는 서로 통성명을 했다. 네덜란드에서 온 안

드레, 브라질에서 온 루아나, 터키에서 온 제이넵. 그들은 27~28살이었고 아르바이트를 하며 돈을 벌고 있었다. 우리는 서로 스페인에서 어디로 가는지 다양한 얘기를 나눴다. 외국인 친구들과 도미토리에서 이렇게 적극적으로 얘기해본 건 처음이었다.

대화하던 중 루아나가 저녁에 재즈바에 가자고 제안했다. 함께 있던 친구들은 흔쾌히 그녀의 제안을 받아들였다. 우리는 재즈바로 장소를 옮겨 각자가 어떤 사람인지에 대해 얘기하기 시작했다. 루아나는 브라질에서는 변호사와 배우를 하고 있는데 포르투갈로 넘어와서는 식당 매니저를 하고 있다고 했다. 오르페우스는 그리스에서 웨이터 생활을 하고 있었고 안드레는 무직이었다.

그러다 대화의 주제가 꿈으로 흘러갔다. 나는 그들에게 꿈이 뭐냐고 물어봤다. 그런데 각자 모호한 대답을 해서 당황스럽기도 했다. 그들은 하나같이 앞으로 자신들이 뭘 하고 살아야 할지 걱정하고 있었다. 세계 어느 나라에서나 온전한 직장을 갖기 전 20대 후반 사람들이 하는 고민은 비슷했다.

유럽 친구들도 내게 꿈이 뭐냐고 질문해왔다. 나는 내 꿈을 뭐라 설명할지 망설이다 '라이프 코치'라고 대답했다. 그러자 그 친구들은 의외라는 표정을 지었다. 외모로는 내가 그들보다 어려 보이는데 꿈은 그렇지 않아서였을까? 그리스 친구가 나한테 이렇게 질문해왔다.

"어떤 주제로 사람들을 코치할 건데?"

나는 구글 번역기 앱을 이용해 이렇게 대답했다.

"나는 동기부여를 주제로 사람들에게 깨달음을 주고 싶어."

최초로 내 꿈을 외국인들에게 들려준 순간이었다. 그때 내가 놀랐던 점은 라이프 코치에 대한 그들의 인식이었다. 이 친구들은 라이프 코치가 타인에게 감동을 선사한다는 점에서 존경스러운 직업이라고 말했다. 그들은 내게 좋은 영향력을 끼치는 사람이 되라며 응원해줬고, 나 또한 그들에게 자신만의 꿈을 찾으라며 다독여줬다.

지금의 죽마고우를 사귀게 된 과정이 기억이 나는가? 어려서부터 나는 친구를 사귈 때 내가 먼저 다가가는 편이었다. 친구들에게 내가 먼저 다가간 이유는 그들에게 측은한 마음이 들어서였다. 친구에게 말을 걸면서 그들에게 도움과 위로가 될 것 같은 기분에서였다. 중학교 1학년 때 새로 전학을 왔는데 적응이 어려운 친구가 있었다. 쉬는 시간마다 나는 그 아이가 잘 적응할 수 있게 다가가 친근하게 말을 걸었다. 다행히 우리는 잘 대화가 됐고, 어느새 친구가 되었다.

고등학교 때 친구를 사귀는 과정도 이와 비슷했다. 소심했던 친구들에게 먼저 말 한마디 붙이기 시작한 게 관계의 시작점이었다. 이런 저런 얘기를 하다 보니 어느새 친구가 돼있었다. 내 20년 지기 친구들은 이와 같은 방식으로 나와 친구가 됐다.

어려서부터 나는 누군가에게 도움을 주는 게 좋았던 아이였다. 학생 때는 친구가 내게 모르는 문제를 질문했을 때 그 답을 제시해주는 게 너무 좋았다. 내가 누군가를 도와줬다는 생각이 들었기 때문이다. 대학생이 돼서는 내 사소한 재능이라도 남에게 도움이 될 수 있으면 해서 학원 아르바이트를 하게 됐다. 학생 때 좋아했던 수학을 가르치면서 아이들에게 도움도 주고 돈도 벌 수 있는 게 좋았다.

어른이 돼서도 나는 여전히 그런 사람이었다. 회사 내에서도 내가 할 수 있는 한 남을 도와주고 싶었다. 때론 미련하게 실적을 내는 것보다 남을 도와주는 데 초점을 맞춰 업무하다가 혼난 적도 있었다. 하지만 나는 그런 내 모습을 사랑한다. 선한 영향력을 끼칠 수 있다면 그 자체로 좋으니까 말이다.

사람이 태어나면서부터 자기가 하고 싶은 일을 미리 찾으면 얼마나 좋을까? 그래서 나는 한 분야에서 두각을 나타낼 수 있는 운동선수들이 부러웠다. 운동선수들은 자신이 매진해야 하는 분야가 '운동'으로 정해졌다. 노력만 하면 그들이 원하는 목표를 달성할 수 있을 거로 생각했기 때문이다. 물론 나름의 고충이 있겠지만, 일반인이 간단히 생각했을 때는 그런 생각이 들 수밖에 없다.

상대적으로 나는 무엇을 좋아하고 무슨 장점이 있는지, 어느 분야에서 두각을 나타낼 수 있을지 파악하기가 쉽지 않았다. 좋은 대학 진학이란 꿈을 위해 특목고에 진학했지만 바라던 장밋빛 미래는커녕 내 인생 최대의 암흑기를 맞이했다. 대학입시를 준비하면서는 내가 선택하기보단 주변에서 좋다고 하는 '초등교사'의 꿈을 내 꿈인 것처럼 설정하기도 했다. 재수까지 했음에도 막상 교대 진학이 좌절됐을 때 나는 흔들릴 수밖에 없었다.

대학생이 되어 새 출발을 해보고 싶었다. 컴퓨터학과에 진학했지만, 적성이 맞지 않고 현실을 회피하고 싶은 이유로 약대 진학의 꿈에 도전했다.

인간의 욕심은 끝이 없고 같은 실수를 반복한다고 했던가? 나는 고등학교 때 했던 실수를 반복하고 말았다. 내가 선택하기보단 주변에서 좋다고 하는 '약사'의 꿈을 내 꿈인 것처럼 착각했다. 2년 동안 준비한 약대 편입시험의 결과는 불합격이었고, 어쩌면 당연한 결과였는지도 모른다.

한국 사회에서는 좋은 대학에 나와 대기업, 공무원, 공기업에 들어가는 게 어느 순간 최종 목표가 되어버렸다. 쳇바퀴 흘러가는 직장생활을 하다 보니, '이게 과연 나답게 사는 건가?' 하는 의구심이 매일 들기 시작했다. 내가 분명 열정을 쏟고 가슴 뛰는 순간이 있었는데 사회생활을 하면서부터 그 불씨가 사라졌다. 방황과 고민이 늘어갈수록 나는 더욱 자신을 성찰해보기 시작했다. 그러다 보니 내 가슴을 뛰게 하는 꿈을 찾게 됐다. 바로 사람들에게 선한 영향을 주는 동기부여가가 되는 것이다.

현재 나는 직장에 다니면서 매달 월급을 받으며 생활하고 있다. 하지만 나는 동기부여가가 되어 많은 사람에게 울림을 주는 미래를 꿈꾼다. 꿈을 향해 도전하다가 실패를 경험하면서 마음속에 품게 된 오래된 생각이다. 꿈을 주제로 고민이 있거나 나와 비슷한 처지였던 사람들에게 내 경험을 나눠주며 도움을 주고 싶었다.

내 가슴을 뛰게 하는 꿈을 찾을 수 있었던 것은 여러 번의 실패를 해봤기에 가능했다. 물론 꿈 앞에서 좌절할 때마다 고통스럽고 괴로웠다. 하지만 그때마다 이 실패가 나를 성장시키는 데 좋은 밑거름이 될 거라 믿었다. 그 믿음에 보답하듯 그 실패 경험들은 내 꿈을 더욱 명확히 알려줬다.

지금 내가 꿈을 주제로 책을 쓰고 있는 이유도 간단하다. 작가가 되어 많은 사람에게 동기부여를 할 기회를 만들기 위해서다. 직장인인 내게 책 쓰기는 또 다른 도전이고 꿈을 실현하는 과정인 셈이다.

도전은 설레기도 하지만 두렵기도 하다. 앞날이 어떻게 될지 아무도 모르기 때문이다. 그러나 나는 멈추지 않고 계속 꿈을 향해 나아갈 것이다. 그래서 내 가슴을 뛰게 하는 동기부여가의 꿈을 이뤄 많은 사람에게 울림을 주고 싶다.

어느 나이를 살든
상처받지 않는 인생은 없다

2000년대 초반에 특목고 입시 열풍이 불었다. 중학교 시절 내가 다니던 학원에서도 학원생이 특목고를 많이 보내기 위해 일반반과 특별반을 구분해서 운영했었다. 학원에서는 공부 잘하는 상위 40%를 특별반으로 편성했다. 초등학교 6학년 때 학원 내에서 본 시험을 바탕으로 전체 등수를 매겨 일반반과 특별반으로 반 배정을 했다. 당시 어린 마음에 나는 특별반에 꼭 가고 싶었다. 반 배정 결과가 나왔고 나는 특별반 중에 제일 끝반에 배치됐다.

학원에서는 분기마다 한 번씩 반 배치고사를 본 후 학생들 수준에 맞게 반 배정을 했다. 내 성적은 일반반과 특별반 사이에 있는 애매한 성적이었다. 그때마다 나는 변동 없이 매번 특별반 중에 끝 반에 있었다.

하루는 학원 담임선생님이 수업 시간에 모두가 보는 앞에서 내게 지적하셨다.

"너를 일반반으로 내리지 않는 이유는 네 가능성 때문이지 성적이 좋아서가 아니야. 넌 원래 이 반에 있으면 안 됐어."

나는 멋쩍은 웃음을 지으며 알겠다고 대답했다. 물론 담임선생님이 내 가능성을 봐주셔서 특별반에 날 남겨준 건 고마운 사실이었다. 하지만 반 아이들이 듣는 가운데에서 그렇게 면박을 준 게 20년이 지난 지금도 기억날 만큼 상처였다. 그래도 다행히 내가 엇나가지 않았던 이유는 내가 가능성이 있는 아이라는 인식이 내게 긍정적으로 작용해서가 아닐까 싶다.

누구나 회사에 입사하면 신입사원 생활을 거치게 된다. 그때는 업무에 대해 모르는 것도 많고 배울 것도 많은 시기라 수없이 깨지면서 직장생활을 할 수밖에 없다. 입사 전에 인터넷 커뮤니티나 주변 지인을 통해 신입사원이 받는 월급은 욕먹는 값이라는 얘길 들어본 적 있을 것이다. 그리고 실로 신입 때는 그 얘기가 실감 되는 하루하루를 보내게 된다.

그러다 일 년 정도 회사생활 하다 보면 회사가 어떤 식으로 돌아가는지 대략적인 틀이 파악되기 시작한다. 자세한 업무까지 다 알진 못하지만 익숙해지면 할 수 있겠다는 생각도 들기 시작한다. 다만, 아직 익숙지 않기 때문에 서툴고 실수가 나오곤 한다. 그러니까 또 지적을 받을 테고.

첫 회사에 입사하고 신입사원이었을 때 나 역시 많이 깨졌다. 무엇보다 내게 업무를 잘 알려주지 않고서 후에 자존심 긁는 말을 하는 상사가 이해되지 않았다. 아무것도 모르는 신입이 스스로 알아가려고 해도 분명 한계가 있기 마련이다. 어느 정도 전체적인 프로세스나 틀은 설명해줘야 알아가는 것도 가능하다고 생각했다.

그런 상황에서 업무 목표까지 설정해야 한다고 상사가 말했다. 그 또한 쉽게 이해되진 않았다. 막연한 목표를 설정하는 건 의미 없다고 느꼈기 때문이다. 그래서 신입 때 우여곡절이 많았다.

신입사원 때 수차례 깨지는 상황에 대해 나는 두 가지 관점을 생각해봤다. 하나는 해당 상황을 받아들이기 어려운 쪽으로 바라보는 관점이다. 가르쳐주지도 않고 뭐라고 하는 경우도 있다 보니 깨지는 상황을 잘 못받아들이는 것이다. 그런데 이 관점을 계속 갖다 보면, 불만만 쌓여가니까 회사에 대한 애정도 사라지고 이직할 확률이 높아질 것 같다는 생각이 들었다.

나머지 하나는 어차피 어느 신입사원이나 깨지는 건 마찬가지니까 차라리 편하게 생각하자는 관점이다. 이렇게 생각하면 차라리 스트레스를 덜 받고, 배짱을 갖고 업무에 임하기 때문에 어딜 가서든 버틸 수 있지 않을까 생각이 들었다.

그래서 나는 두 번째 관점에 초점을 맞추게 됐다. 신입 때 욕먹어서 고치는 게 낫지 연차가 쌓여서 욕먹으면 그것만큼 치욕적인 일은 없으리라. 그래서 나는 조건 없는 불만은 품지 않기로 다짐했다. 이런 마음을 먹기까지 많은 상처를 받았지만 말이다.

첫 직장을 퇴사하고 일 년 동안 쉬고 있을 때였다. 직장에서 받던 스트레스로부터 해방됐고 점차 마음의 여유를 되찾기 시작했다. 잠도 잘 만큼 자고 아침 햇살 받으며 여유롭게 공원을 산책하기도 했다. 그렇게 한동안은 소소한 행복을 느끼며 지냈다. 그러나 이런 행복한 감정은 오래가지 않았다.

내게 3년의 경력이 있으니 처음에는 경력직으로 입사 지원할 기회가 어느 정도 있을 거로 생각했다. 경력직 공고는 많이 있었지만, 문제는 내 경력으로 지원할 수 있는 회사공고가 자주 뜨지 않는다는 점이었다. 직업 없는 생활이 한 달 이상 지속되자 나는 불안해지기 시작했다.

매일 방 안에 처박혀 회사공고가 뜨는지 모니터링했다. 내가 지원할 만한 공고가 뜨는 날이면 들뜬 마음에 자소서를 준비했다. 그러나 그렇지 않으면 침울한 마음에 홀로 외로운 시간을 보내야 했다. 때때로 나는 이런저런 상념에 잠기곤 했다.

'이러다 영영 경력 단절이 되는 건 아닐까?'

'나는 빨리 이직할 수 있을까?'

'나를 아는 사람들이 이런 내 모습을 보고 어떻게 생각할까?'

하루하루 버티고 있는 불안한 현실이 그동안 내가 갖고 있던 기본적인 믿음을 흔들어놨다.

그러던 어느 날 한 건설회사 전산팀 공고가 떠서 입사지원을 하게 됐다. 건설회사 전산팀 경력을 갖고 있다 보니 다행히 서류전형에서 합격할 수 있었다. 이번엔 꼭 합격하리라 다짐하면서 면접을 준비했다.

면접 날에 해당 회사 로비에 도착해서 예상치 못한 인물을 만났다. 전 직장에서 같은 부서에서 일했던 한 대리님이 면접자로 온 것이다. 그 대리님은 전 직장에서 나보다 한참 선배였다. 같은 면접을 보는데 대리님과 나는 많은 경력 차이가 나서 어떤 얘기를 하더라도 대리님이 한 수 위였다. 물론 일부로 그런 차이까지 고려해서 같은 면접 조에 편성시켰으리라. 하지만 너무 나 자신이 초라해 보였다. 그렇게 나는 기죽은 채 면접장에 들어갔다.

나와 대리님을 포함해서 총 3명이 함께 면접을 봤다. 각자 1분 자기소개가 끝나고 면접관이 나와 대리님에게 민망한 질문을 했다.

"두 분은 같은 회사 동료였었네요. 그러면 서로의 장단점을 한번 얘기해주시겠어요?"

멋쩍은 웃음과 함께 나는 대리님의 좋은 점을 대리님은 내 좋은 점을 얘기했고, 단점은 최대한 가려서 말했다. 면접관들의 질문은 계속 이어졌다.

"왜 우리 회사를 지원하게 됐어요?"

대리님은 현 직장에서 정체돼있음을 느껴 성장하고 싶다며 자신을 어필했다. 하지만 나는 직장을 퇴사하게 된 이유부터 새 직장을 옮기려는 이유까지 구구절절 설명이 필요했다. 내 과거를 아는 사람 앞에서 면접관에게 아쉬운 소리를 하며 나를 어필하니 비참한 심정이 들었다. 당시 면접관으로 있던 인사총무 팀장은 내 상황을 말했을 때 좋지 않은 표정을 지었다. 사람이 느낌이란 게 있지 않은가? 앞으로 내 대답에 잘 관심도 안 줄 것 같은 표정 말이다. 게다가 내가 대답한 이후에 추가적인 질문도 없어서 더 씁쓸하기까지 했다. 내가 생각해도 성장하고 싶다는 지원자 얘기에 관심이 갈 것 같았다. 한없이 자존심이 상했고 나 자신이 작아지는 순간이었다.

면접이 끝나고 지하철을 타고 오는데 서러운 감정이 북받쳐 올랐다. 흐르려는 눈물을 참으면서 집으로 향했다. 면접에서 느낀 굴욕적인 감정을 곱씹으며 '이게 인생의 쓴맛인가. 내가 잘못 살았나?'라는 생각이 들었다.

자존심 상하고 힘든 현실은 하느님을 향한 원망으로 이어졌다. '하느님, 내가 왜 이런 상황에 있어야 하나요?', '내가 독한 마음이라도 먹고 뭐라도 할 수 있게 해줘야 하는 거 아닌가요?', '웅크리고서 울기만 하는데 나 좀 어떻게 해주면 안 되나요?'

결국 해당 회사 면접에서 나는 불합격했다. 아무리 하느님을 원망해도 현실은 바뀌지 않았다. 자존심 상한 현실과 별개로 내가 정신 차려야만 했다. 이를 계기로 나는 좀 더 정신을 차릴 수 있었다. 더 단단해진 마음으로 구직활동을 지속한 결과 다시 직장을 구할 수 있었다.

나는 수차례 실패했고 상처받았지만, 그 실패를 통해 훨씬 더 많은 것을 배우고 깨달았다. 지금의 내가 있는 것은 과거의 시련과 상처 덕분이라고 생각한다. 그런 상처가 있었기에 나는 더 나은 내가 되기 위해 더 노력하게 됐고, 더 단단해질 수 있었다.

우리는 성공보다는 실패를 더 많이 한다. 실패하면서 상처도 많이 받곤 한다. 때론 상처가 독이 될 수도 있겠지만, 보통은 단단해지는 계기가 되는 경우가 더 많다. 어느 나이를 살든 상처받지 않는 인생은 없다. 상처받았다고 주저하지 마라. 꿈은 좌절과 상처 속에서 피어난다. 그런 과정이 없다면 꿈은 쉽게 피어나지 않는 법이다. 꿈꾸고 있는데 상처를 입었다면 당신은 잘 살고 있는 중인 것이다.

Love Yourself

4장

서른, 지금부터
나답게 살아볼게요

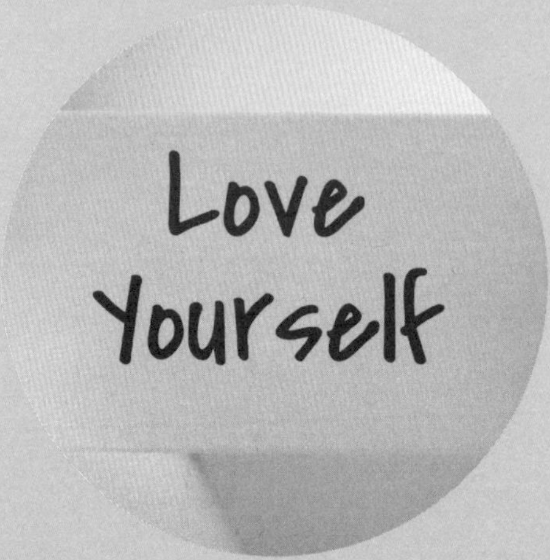
Love
Yourself

지금 당장, 오늘 하루부터
진정한 황금기를 누려라

오스트리아는 음악의 본고장이다. 오스트리아가 모차르트, 하이든과 같은 유명한 음악가들이 탄생한 나라라는 것쯤은 역사를 모르는 나도 알고 있는 사실이다. 그래서 나는 유럽을 여행하면서 오스트리아를 한번 경험해보고 싶었다. 오스트리아에 가면 나는 꼭 오페라나 오케스트라 공연을 관람하리라 마음먹었다.

빈에 도착한 나는 첫날에 오페라 '돈 지오바니'를 입석으로 봤고, 둘째 날에는 빈 음악협회 건물에서 오케스트라 공연을 봤다. 오페라 '돈 지오바니'는 이탈리아어로 진행해 전광판의 해석을 함께 봐야 하는 번거로움이 있었다. 서 있는 데다 번역과 공연을 번갈아가며 봐야 해서 쉽게 공연에 집중하지 못했다. 반면에 오케스트라 공연은 공연뿐만 아니라 공연을 관람하는 관객과 그 당시의 분위기를 온전히 느낄 수 있었다.

오케스트라 공연은 저녁 7시 반에 빈 음악협회 건물에서 열렸다. 그토록 기대하던 음악 공연인 만큼 나는 잔뜩 기대한 채 공연장으로 향했다. 드디어 공연장 문이 열리고 사람들이 하나둘 입장하기 시작했다. 공연장에 들어서는 순간 미리 악기 소리를 내며 준비하고 있는 오케스트라 모습에 압도됐다. '이들이 함께 연주하면 얼마나 웅장할까?'라는 상상과 함께 오케스트라 공연에 대한 기대감은 더 커졌다.

무대 앞쪽에서 두 번째 줄에 앉은 나는 생생한 오케스트라 소리를 들을 수 있었다. 현악기보다는 관악기가 더 매력적으로 들렸다. 클라리넷 특유의 맑은소리와 플롯의 청아한 소리가 아름다웠다. 바이올린과 첼로는 메인파트와 서브파트로 나뉘어 조화를 이뤘다. 내 옆에 앉은 중국인 아주머니는 눈감고 헤드뱅잉을 하면서 공연을 감상했다. 음악에 심취해있는 듯 보였다. 내 앞에 있는 백발의 노인분은 자는 듯하면서도 다 경청하는 귀여운 모습을 보이셨다.

오케스트라 공연 인터미션(쉬는 시간)이 돼서 잠시 화장실을 가려고 공연장을 나왔다. 공연장 밖은 거의 연회장 분위기였다. 정장 입은 백발의 노인들이 한 손에 샴페인을 들고 서로 이야기를 나누고 있었다. 옆에서 들어보니 음악에 관한 열띤 토론 중이었다.

노년에 느긋하게 공연을 즐기면서 샴페인을 들고 동년배들과 토론하는 모습이 사뭇 인상적이었다. 한국에서는 볼 수 없는 여유로움이었다. 나도 노년엔 저렇게 살아야겠다고 마음먹었다. 이와 같은 미래를 꿈꾸기 위해 오늘도 나는 가슴 뛰는 꿈을 이루기 위해 노력하고 있다. 그러기 위해선 지금 현재를 열심히 살아야 한다. 찬란한 미래의 황금기는 지난날의 하루하루가 쌓여서 만들어지기 때문이다.

나는 어려서부터 자연을 좋아했다. 서울에서 살았지만 서울답지 않게 집 주변이 논과 밭이었다. 메뚜기와 개구리를 잡고 노는 등 매일 자연과 함께하는 게 일상이었다. 이러한 경험은 성인이 되어 내 여행 스타일에 많은 영향을 주었다. 여행을 갈 때면 나는 역사적인 장소나 문화재보다 자연경관을 보는 데 더 많은 시간을 할애하곤 했다.

그러다 보니 어느 순간부터는 호주에 가고 싶다는 생각이 들었다. 주변 지인들로부터 호주의 대자연에 대해 많이 들은 탓이었을까? 광활한 바다와 들판이 주는 경이로움이 점차 궁금해졌다. 그렇게 호주 여행은 내 버킷리스트에 포함됐다. 일주일 정도 호주에 머무르고 싶었는데 생각보다 시간이 나지 않았다. 그러다 새로 이직한 회사에서 연말에 일주일 휴가를 쓸 수 있었다. 이때다 싶어 나는 바로 호주행 비행기를 예약했다.

오랜만에 긴 여행을 다녀오는 만큼, 여행의 감을 잃지 않으려고 애썼다. 호주에 다녀오면서 대자연을 마음껏 만끽할 수 있었고 이를 보면서 복잡했던 내 마음도 다스릴 수 있었다. 호주에 다녀오면서 새삼스레 느낀 점이 하나 있다. 바로 '삶을 여행하듯 살아라'라는 것이었다. 내게 여행은 치열함 그 자체였다. 혼자 여행할 때면 언제나 나는 치열하게 하루하루를 보냈다.

아침에 빨리 일어나서 하루를 시작했고, 일정이 시작되면 그 누구보다 많이 돌아다녔다. 자기 전에는 다음 날에 있을 모든 시나리오를 확인한 후에 잠이 들어야 안심이 됐다. 가져간 짐을 잃어버리지 않기 위해 항상 신경 써야 했고, 비용지출을 어떻게 해야 할지 계속 고민했다. 스스로 챙겨야 한다는 책임감으로 모든 일을 철저하게 한 것이다. 여행할 때와 같은 치열함을 내 삶 속에 적용한다면 어떤 일을 하더라도 잘할 수 있겠다 싶었다. 그렇게 지내다 보면 전성기 같은 하루하루를 보낼 수 있을 테니 말이다.

2022년에 가장 화제가 됐던 문구 중 하나는 '중요한 건 꺾이지 않는 마음'(이하 중꺾마)이다. 이는 리그 오브 레전드 2022 월드 챔피언십(이하 롤드컵)에 참가한 프로게임단 DRX 소속 프로게이머 데프트(김혁규) 선수의 인터뷰를 담은 영상의 제목에서 유래된 유행어다. '중꺾마'라는 문구는 2022년 한해 동안 e-스포츠를 넘어 사회 전반적으로 좋은 의미로 많이 쓰이곤 했다.

DRX는 2021년 한국 여름 리그에서 최하위에 머물렀고 2022년 성적도 6위였다. 한국 리그에서 롤드컵에 진출할 수 있는 팀은 총 4팀이다. 이를 결정하는 과정에서 진검승부를 펼친 끝에 DRX는 운 좋게 2022년 롤드컵에 진출할 수 있었다. 그러나 롤드컵에서도 DRX는 최약체였다. 롤드컵이 시작할 때 데프트와 DRX가 우승할 것으로 예상한 사람은 아무도 없었다. 하지만 기적이 일어났다.

연이어 강팀들을 쓰러뜨리면서 DRX는 결승전에 진출했다. 결승전 상대는 페이커가 소속된 강력한 우승후보 T1이었다. 대망의 롤드컵 결승전에서 데프트가 속한 팀 DRX가 T1에게 첫 경기를 내줄 때만 해도 결과는 예상대로 흘러가는 듯했다. 게임 중반까지 점수는 1-2. 그러나 모두가 뒤집을 수 없다고 말할 때 DRX는 동화 같은 스토리를 써내려갔다. 마지막 2경기를 연달아 이기며 롤드컵에서 우승한 것이다. 예상을 깬 반전에 젊은 게이머들은 열광했다.

롤드컵 결승전이 끝난 후 인터뷰에서 데프트 선수는 감격의 눈물을 흘렸다. 이는 많은 젊은 게이머들에게 감동을 선사했다. 데프트 선수의 눈물에 수없이 좌절했던 지난날의 아픔과 꿈을 이뤘다는 기쁨이 공존했기 때문이다.

그는 프로 선수들의 수명이 짧다고 악명이 높은 e-스포츠에서 페이커 선수와 함께 한국 리그오브레전드 리그(이하 LCK)에서 가장 나이가 많은 현역선수 중 한 명이다. 또한, 26세의 나이로 병역의 의무 문제까지 묶여있어 2022년이 사실상 데프트 선수의 은퇴 전 마지막 활동일 거라 여겨졌다. 그러나 데프트 선수는 이러한 인식을 불식시켰고, 그가 그토록 염원하던 롤드컵 우승 트로피를 들어 올릴 수 있었다.

데프트 선수는 10년 동안 롤드컵 우승이란 꿈에 도전해왔다. 하지만 매년 롤드컵 우승은 번번이 실패했었다. 그러다 이번 롤드컵에서 마침내 우승의 꿈을 이뤄낸 것이다. 프로게이머 데뷔 후 늘 최정상급 기량을 유지했던 데프트 선수도 여러 번 실패를 겪은 뒤 과정의 중요성을 깨달았다고 한다.

사실 데프트 선수는 인터뷰 도중에 '중요한 건 꺾이지 않는 마음'이라는 표현을 쓴 적이 없었다. 이는 기자가 인터뷰 내용을 짧게 요약하는 과정에서 만들어 낸 문구였다. 하지만 10년째 롤드컵 우승을 향해 달려오면서 수없이 좌절하면서도 그 꿈을 향해 도전했던 데프트 선수의 삶을 잘 담아낸 문구인 만큼 더 주목받았다.

데프트 선수에게 있어서 롤드컵 우승 트로피를 들어온 순간은 그의 인생 최고의 순간이었을 것이다. 그 순간은 우연이었을까? 아니다. 데프트 선수 스스로가 LoL을 좋아하고 잘하는 분야라 생각해서 꾸준히 최선을 다했기 때문에 운도 따라준 것이다.

물론 데프트 선수도 우승을 하기까지 수없이 많은 역경과 시련을 겪었다. 그래도 그는 데뷔 때부터 단 하루도 빠짐없이 롤드컵 우승을 상상해왔다고 한다. 그렇다. 꿈이 있는 자는 지치지 않는다. 이것이 우리가 데프트 선수의 소년만화 스토리에 주목할 수밖에 없던 이유다. 지치지 않을 자신만의 꿈을 꾸고 상상하라. 그러면 언젠가 다가올 당신의 하루도 진정한 황금기를 맞이할 것이다.

놓아라, 준비하라,
그리고 시작하라

과거에는 친구 혹은 연인과 함께 떠나는 여행이 많았다면, 요새는 가족과 함께 여행을 떠나는 사람이 증가하는 추세다. 자식이라면 한 번쯤 부모님을 위해 효도 여행을 생각해봤을 것이다. 나 역시 '결혼 전에 부모님 모시고 여행 한번 다녀오자'라는 생각을 했었다. 다만 실천하기까지 고민이 많았을 뿐이다.

어느 날 문득 이런 생각이 들었다. 부모님과 함께 있을 시간이 얼마 남지 않았다는 것을. 출가해서 부모님과 떨어지는 것뿐만 아니라 부모님이 살아가실 날도 얼마 안 남았다고 느낀 것이다. 그래서 부모님께 꼭 아들에 대한 좋은 추억을 만들어 드리고 싶었다. 현재 부모님과 함께 지내고 있어서 더욱 생각이 많이 들었다.

두 번째 직장으로 이직한 해에는 마음껏 여행하며 한 해를 보내기로 마음먹었다. 매번 생각만 해오던 효도여행을 그해에 실천하기로 했다. 보통 부모님을 한 번에 모시고 가는 걸 효도여행이라 하곤 한다. 그러나 나는 한 번에 부모님을 모시고 여행하고 싶지 않았다. 부자(父子)여행과 모자(母子)여행을 따로 기획하고 싶었다. 그게 내겐 더 의미 있는 효도여행이라 여겨졌기 때문이다.

부자여행과 모자여행을 결심하게 된 후, 아빠와 엄마가 각각 어디를 가고 싶으신지를 먼저 파악했다. 아빠는 강원도 강릉의 바다 열차를 꼭 타보고 싶어 하셨다. 아빠의 소원을 이뤄드리기 위해 부자여행은 강릉에 가는 거로 결정됐다.

엄마는 지인들로부터 여수여행 후기를 자주 들으셨고, 나를 통해서도 여수에 대한 좋은 경험담을 많이 들으셨다. 그러더니 작년부터 엄마는 전라남도 여수를 꼭 한번 가보고 싶다고 하셨다. 엄마의 기호를 고려해 모자여행은 여수에 가는 거로 결정했다.

여행 가기 두 달 전에 강릉과 여수에 있는 숙소와 렌터카를 예약하고 맛집을 검색해 나갔다. 여행지에서 엄마와 아빠가 좋아할 만한 곳을 찾았고, 돌아다니는 동선을 생각해 나갔다. 날씨가 좋지 않거나 특정 날짜에는 강릉의 바다열차 운행이 중단됐기 때문에 지속적인 확인이 필요했다. 다행히 모든 예약이 순조롭게 진행됐고 여행 날만 기다리면 됐었다. 나는 부모님의 전담 여행가이드가 되어 즐겁게 해드리기만 하면 됐다. 여행하면서 맛있는 음식도 먹고 평상시에 하지 못했던 얘기도 할 생각에 벌써 기쁘기도 했다.

적당히 날씨가 무더운 6월 중순에 엄마와 여수를 다녀왔다. 여수에 도착한 첫날, 엄마와 나는 오동도에 가장 먼저 도착했다. 오동도 산책길을 거닐다가 벤치에 앉아 엄마와 나는 영상 하나를 찍었다. '10년 후에는 뭘 하고 있을지?'에 대한 질문을 서로에게 던지고 대답하는 모습을 영상에 남긴 것이다.

나는 10년 후엔 서울에 집도 있고 애도 한 명 있을 거란 막연하지만 당돌한 얘기를 했다. 엄마는 이웃을 위해 봉사하며 의미 있는 삶을 살고 있을 것이며 건물주가 돼있을 거라 얘기하셨다. 이 외에도 엄마와 나는 미래에 대해 이런저런 많은 얘기를 나눴다.

평상시엔 퇴근하고 오면 보통 내 방에서 쉬기 바빴다. 그러느라 부모님과 얘기할 시간이 많이 없었다. 다행히 이번 여행을 통해 엄마와 진솔한 대화를 많이 할 수 있었고, 엄마를 더 이해할 수 있었다. 오동도를 거닐다가 엄마와 나는 자전거를 빌려 타고 돌아다니기 시작했다. 멋진 석양이 비추는 저녁 시간에 오동도는 아름다웠다. 바닷바람이 내 머릿결을 스쳤고 고요한 바다 풍경을 보며 평화로운 감정을 느꼈다. 엄마도 행복한 미소를 띠며 자전거를 타고 계셨다.

엄마는 나와 여행하는 스타일이 비슷했다. 여유가 있으면 어디라도 돌아다녀야 직성이 풀리는 편이었다. 여수에서의 둘째 날엔 종일 비가 왔지만 나와 엄마는 크게 신경 쓰지 않았다. 평소처럼 든든히 아침을 먹고 향일암으로 향했다.

비가 와서 사람이 얼마 없을 줄 알았는데 그렇지 않았다. 공용주차장 입구에서 대기하다가 겨우 차량을 주차하고 향일암으로 올라갔다. 향일암에 도착했는데 운해가 가득 껴서 바다 먼 곳까진 볼 수 없었다. 하지만 향일암을 오르며 엄마와 이런저런 많은 대화를 나눌 수 있어서 좋았다. 향일암에 도착한 나는 소원도 빌고 하염없이 운해 가득한 바다를 바라봤다. 반면에 엄마는 향일암에서 오랫동안 가족 한명 한명을 위해 기도하셨다. 그 모습이 내겐 인상적이었고 많은 생각이 들었다.

향일암을 다 구경하고 내려와 전통차 집으로 간 나와 엄마는 대추차와 쌍화차를 시켰다. 맨날 커피만 마시다가 전통차를 마시니 기분이 묘했다. 엄마는 과거에 종종 쌍화차를 달걀노른자와 함께 먹곤 하셨다고 한다. 쌍화차를 통해 자신의 옛 기억이 떠오르셨는지 엄마는 이런저런 얘기를 들려주시며 좋아하셨다.

여수에서 찍은 사진과 영상 속엔 행복한 엄마의 미소가 유독 많이 보였다. 비록 해외를 가거나 호화로운 여행은 아니었지만, 엄마와 단둘이 간 첫 여행이라 행복했다. 내 첫 모자여행은 너무나 성공적이었다.

아빠는 경상도 사나이라 무뚝뚝한 편이시다. 하지만 겉으로 드러내지 않을 뿐 마음은 그렇지 않으시다. 부자여행은 날씨가 꽤 무더운 7월 초에 다녀왔다. 서울역에서 부자여행의 시작을 알리는 인증샷을 아빠와 찍을 때 아빠는 환히 미소 지으셨다. 좋으신 거다.

매번 가족 여행을 가면 아빠가 운전대를 잡곤 하셨다. 장거리 여행을 할 때면 아빠에겐 운전이 큰 부담으로 다가왔다. 그래서 이번 여행 땐 그런 아빠의 부담을 덜어드릴 생각이었다. 무조건 조수석에 아빠를 모시고 편안히 여행을 즐기게 해드렸다.

강릉에 도착한 첫날, 구름 한 점 없이 해가 쨍쨍했다. 굉장히 성공적인 여행이 될 거라 직감했다. KTX를 타고 강릉역에 도착하자마자 아빠와 나는 렌터카를 타고 정동진으로 향했다. 정동진 레일바이크를 타기 위해서였다. 정동진에 도착해서 바라본 풍경은 가히 가관이었다. 구름 한 점 없는 파란 하늘 밑에 에메랄드 빛깔의 동해가 펼쳐졌다. 천국이 따로 없었다. 사람들도 이런 날씨에서 여행하기 위해 정동진에 많이 찾아왔다.

긴 대기 끝에 레일바이크에 아빠와 단둘이 올라탔다. 날씨가 무더워서 레일바이크를 타는데 괜찮을까 생각했는데 맞바람이 불어 괜찮았다. 아빠와 나는 페달을 밟으며 하염없이 동해를 바라봤다. 나는 이런 모습을 영상으로 남겼다. 레일바이크를 타며 아빠와 함께 있는 모습과 아빠가 환히 웃으면서 손을 흔든 모습이 그대로 영상에 담겼다. 그 순간이 아빠는 너무 좋았던 것이다.

푸른 바다구경을 마치고 중앙시장에 들러 저녁에 먹을 닭강정과 주전부리를 샀다. 강릉까지 왔으니 근처 해수욕장을 안 갈 수 없지 않은가? 안목 해변 카페거리에 도착한 아빠와 나는 바다 둘레길을 거닐었다. 걸으면서 아빠와 이런저런 얘기를 나눴는데 아빠는 주로 인생에 대해 말씀해주셨다. 또한, 내가 앞으로 어떻게 살아가야 할지 조언해주셨다. 그러다가도 풍경이 예쁘다 생각될 땐 걷는 걸 멈추고 아빠와 사진을 찍었다.

걷다가 쉬고 싶을 땐 잠시 카페에 들어가서 음료수를 시켰다. 해가 질 때쯤 아빠와 나는 숙소로 들어왔고, 낮에 산 주전부리와 함께 맥주를 마셨다. 평소 우리 가족끼리는 술을 잘 안 마시기 때문에 아빠와의 맥주 한 잔하는 이 시간은 너무 소중했다. 밤이 깊어졌고 아빠와 많은 대화를 나눈 후 잠이 들었다. 이 또한 추억으로 남으리라.

여행 둘째 날 드디어 아빠가 그토록 기다리던 바다열차를 타러 가게 됐다. 어제와 마찬가지로 날씨가 너무 좋아서 그 어느 때보다도 여행하기 좋은 날이었다. 바다열차는 강릉역에서 출발해 정동진을 거쳐 삼척해변까지 달렸다. 열차 안에서 바라본 동해는 그 어느 때보다 예뻤다. 왜 아빠가 그토록 바다열차를 타고 싶었는지 열차 밖 풍경을 보고 바로 이해할 수 있었다.

바다열차 안에서 아빠는 연신 카메라로 사진을 찍으셨다. 핸드폰 용량이 부족해서 사진을 더 찍지 못할 정도로 열심히 찍으신 거다. 열차를 타면서 작은 이벤트를 했었는데, 승객으로부터 문자 사연을 받아 읽어주는 것이었다. 나는 바로 이벤트에 참여해 아빠와 부자여행에 와서 좋은 추억 남기고 싶다고 사연을 보냈다. 곧이어 디제이가 내 사연을 읽어줬다. 아빠는 흐뭇해한 미소를 지으며 좋아하셨다.

여행 후 아빠는 매우 편안하고 만족스러운 여행을 했다면서 내 어깨를 토닥여주셨다. 아빠께 좋은 추억을 선물해드려 뿌듯했다. 부자여행 또한 매우 성공적이었다.

한 해 동안 여행을 가야겠다는 마음을 먹기 시작한 게 효도여행이란 꿈을 이룰 수 있는 바탕이 됐다. 마음속에 준비된 꿈들은 그렇게 준비됐고 실현됐다. 부자여행과 모자여행을 다녀오면서 느낀 건 꿈을 실현하기 위해서 마음의 여유를 가져야 한다는 점이었다. 여유를 갖지 않으면 생각이 많아 꿈을 실현할 엄두를 못 낸다.

마음이 놓인 상태에서는 어떤 일을 시작하기가 훨씬 쉬워진다. 시작했으면 템포를 올리는 건 그다음 문제다. 일단 시작을 해야 한다. 꿈은 그렇게 시작된다. 꿈을 마음속에 간직하고만 있다면 지금이라도 놓고 준비하고 시작하라. 현재 출발선 위에서 대기 중인 당신의 꿈들은 당신의 시작 사인만을 기다리고 있다.

지금 당신에게 필요한 것은
오직 한 가지

대학교 졸업을 한 학기 앞둔 방학이었다. 종로에서 취업스터디를 하고 있을 때였는데 낯선 번호로 한 통의 전화가 걸려왔다. 최종면접에 합격했다는 통보 전화였다. 전공 관련 공모전 경험도 없고 코딩에 자신도 없었던 터라 내가 스터디원 중에서 가장 늦게 취직할 줄 알았다. 그런데 내가 스터디원 중에서 가장 먼저 취직에 성공하다니. 믿기지 않았다. 내게 첫 취업은 기적이라고 할 수 있었다.

어느덧 첫 출근 전날 밤이 됐다. 정장을 준비하고 평소보다 일찍 일어나겠다는 생각에 핸드폰 알람도 2~3번 울리게 설정해놨다. 잠이 빨리 안 오면 어쩌지 하는 괜한 걱정까지 들었다. 첫 출근 전에 유튜브나 독취사와 스펙업 같은 취업 커뮤니티에서 첫 출근, 신입사원의 자세와 관련된 글도 수없이 봤다.

내 경우 8시까지 회사에 출근해야 했고 집에서 회사까지는 1시간 거리였다. 신입사원에 패기를 보여주기 위해 30분 일찍 도착하는 것을 목표로 시간을 맞췄다. 이런저런 생각을 하다 묘한 느낌으로 잠이 들었다.

드디어 출근날 아침이 됐다. 알람이 울리자마자 바로 눈을 떴다. 잠이 덜 깬 상태였지만 심장은 미친 듯이 뛰고 있었다. 첫 출근날이니까. 첫 출근할 때 회사로 향하는 모든 길이 내겐 새롭게 느껴졌다. 분명 면접 때 한 번 가본 길이었지만 핸드폰으로 지도 앱을 켜고 가는 길을 재확인했다.

내게 취업의 꿈을 이루게 해준 첫 회사인 만큼 나는 용기 내어 회사에 적응하고 싶었다. 면접 볼 때 회사로 가는 것과 마찬가지로 첫 출근할 때도 동일할 거로 생각했다. 지하철역에서 내려 회사로 가는 길에 회사 사람을 만날 수 있기에 조심스럽게 행동하고 단정한 모습을 보이려 했다.

지하철역에서 5분 정도 걸어 회사에 도착했다. 그때가 오전 7시 15분이었다. 오늘 함께 입사할 신입사원 중에서 가장 먼저 회사에 도착했다. 신입 초창기 때만 나올 수 있는 패기였다. 신입사원으로 입사했기 때문에 회사에서 나보다 직위상 밑에 있는 사람은 아무도 없었다. 그래서 나는 우리 회사 사람이다 싶으면 무조건 용기 내어 인사했다.

나는 저 사람이 누군지 모르지만 일단 인사부터 했다. "안녕하십니까! 안녕하십니까!" 누가 보면 이상한 사람으로 생각할 수 있었을 것이다. 하지만 나는 오히려 이런 행동이 나쁘지 않을 거라 판단했다. 내 행동으로 인해 나를 인사성 밝은 신입사원으로 기억해줄 거로 생각했기 때문이다. 사람들은 시큰둥하게 날 바라봤다. 신입사원 같은 애가 잘 알지도 못하는 자신한테 인사를 하니 말이다. 그러거나 말거나 내 인사는 계속됐다.

시간이 지나 모든 신입사원이 한자리에 다 모였다. 인사팀 직원의 지도

하에 모든 신입사원이 연봉계약서에 사인하고 회사 안에서 쓸 그룹웨어 계정을 적어냈다.

회사 계정을 만들 때는 본인 이름이 각인될 수 있게 만들라는 글을 인터넷에서 본 적이 있다. 내 이름 앞 두 글자를 영어로 쓰고 입사일을 뒤에 붙여 계정을 만들었다. 그래서 나는 아직도 내 첫 입사일을 잊지 않고 있다.

연봉계약서에 사인하고 난 후 신입사원 모두 인사팀이 있는 층으로 이동했다. 그곳에서 인사팀장님과 면담한 후 각자 부서로 이동했다. 드디어 내가 일할 부서로 가게 된 것이다. 내가 일할 곳은 경영정보부였다. 부서에 도착하니 면접 때 봤었던 낯익은 면접관님이 계셨다. 앞으로 내가 모시게 될 부장님과 차장님이셨다.

부서 한쪽 모퉁이 원형 테이블에 앉아서 나는 부장님, 차장님과 간단히 면담했다.

"우리 기억나?"

"네! 면접관님들 전부 다 기억납니다."

차장님이 회의실로 나를 불러서 간단하게 회사와 부서에 대해 설명해 주셨다.

"신입사원에게 우리가 큰 걸 바라진 않아. 인사 잘하고, 출근 시간에 늦지 않고, 열심히 하려고 하는 거만 보여주면 잘 적응할 수 있어. 잘할수 있지?"

"네!"

간단한 면담을 마치고 차장님께서 나를 부서원 한 명 한 명에게 소개했다. 나는 부서원들에게 잘 부탁드린다고 연신 반복해 인사했다. 부서원들은 반갑게 나를 맞이해줬고, 인사를 마친 후 나는 자리로 가서 인수인계를 받기 시작했다. 그렇게 내 첫 직장생활이 시작됐다. 지금은 매일 회사로 출근하는 게 일상이 되어 이전에 가졌던 감정은 사라졌다. 하지만 난 항상 기억하고 있다. 내 꿈에 한 걸음 다가갔다고 느낀 첫 출근날의 순간들을 말이다.

어려서부터 나는 어른이 됐을 때 유럽여행을 가고자 마음먹었다. 유럽이 주는 고풍스러운 느낌과 견문을 넓힐 수 있겠다는 막연한 기대감 때문이었다. 언제 유럽에 가게 될지 알 수는 없었지만 어릴 적부터 조금씩 돈을 모으기 시작했다. 부모님으로부터 받은 용돈과 명절 때 친척들로부터 받은 돈을 아끼고 아꼈다. 마침내 유럽에 가기 위한 비용을 어느 정도 마련할 수 있었다.

어느 정도 목돈이 만들어졌지만 여행 갈 시간이 나지 않았다. 대학교 1학년 때는 학과 생활에 전념하느라 바빴다. 제대 후엔 2년간 약대 편입을 준비하느라 아무것도 할 수 없었다. 약대 진학의 꿈을 접고 다시 학교로 복학할 때가 돼서야 여행 갈 만한 시간이 생겼다. 그러나 문제는 아무런 사전 준비 없이 여유 시간만 있다는 점이다. 이전에 한 번도 계획 없이 여행을 가본 적이 없어서 지금 여행을 가는 게 맞나 고민이 됐다.

그때 나는 힘겹게 용기를 냈다. 지금이 아니면 앞으로 내가 유럽에 갈 기회가 잘 없을 것 같았기 때문이다. 유럽에 가겠다고 마음먹고 바로 1주일 뒤 영국행 비행기표를 예매했다. 유럽을 간다는 생각에 기뻐해야 했지만 내 마음은 초조했다. 혼자서 돌아다니는 첫 여행이었고, 하루 이틀도 아닌 한 달을 여행해야 했으니 그럴 수밖에.

비행기표를 예매하고 일주일 동안은 끼니를 걸러가며 여행계획을 세우곤 했다. 한 달 동안 나는 총 6개 나라를 돌아다닐 계획이었다. 나라별로 묵을 숙소와 교통수단을 예매해 나갔다. 처음 경험하는 일이다 보니 우여곡절이 많았다. 기차표를 예매하다가 날짜를 착각해 두 번 결제를 한 적도 있고 꼭 가보고 싶은 박물관 표 예매에 실패했다가 취소표가 나와 기적적으로 예매에 성공하기도 했다.

출국 전날, 짐으로 가득 찬 캐리어를 보며 생각했다. '과연 잘 다녀올 수 있을까?', '가서 짐을 도둑맞으면 어떻게 하지?' 등등. 설레면서도 두려운 감정이 들었다. 그런 감정은 유럽에 도착하고 얼마 가지 않아 환희로 바뀌었다. 유럽도 결국 사람 사는 곳인 만큼 평화로운 마음이 들었기 때문이다.

여행하다 힘들면 쉬었다 가고 힘이 남으면 최대한 돌아다녔다. 먹고 싶은게 있으면 먹고 자고 싶을 때 충분히 잤다. 여행하는 동안 내 마음대로 할 수 있는 것들을 즐겼다.

내 첫 유럽 여행은 내게 여행에 대한 두려움을 없애준 계기가 됐다. 스스로 교통수단부터 숙소, 음식 등 모든 것을 고려해야 하다 보니 내가 어디에 있어도 나를 챙길 여유가 생긴 것이다. 한 달간의 유럽 여행은 내 인생에서 가장 잘한 일 중 하나였다.

만일 내가 돈만 모아두고 용기 내지 않았다면 유럽여행을 갈 수 있었을까? 나는 아니라고 생각한다. 행동하지 않으면서 아직 일어나지도 않은 미래의 일 때문에 고민에 휩싸여 있었다면 아무것도 못했을 것이다. 다행히 1주일 전이라도 유럽에 가야겠다는 과감한 선택을 했기에 유럽여행을 갈 수 있었고, 다음 유럽여행도 기획할 수 있었다. 내가 다시 대학교 시절로 돌아간다면 나는 2달~3달 동안의 유럽여행을 계획할 것이다. 여행이 주는 즐거움을 알기에 더 용기 낼 자신이 있기 때문이다.

꿈을 꿀 때도 마찬가지다. 꿈이라 생각되는 게 있다면 여행을 결심하듯 용기 내야 한다. 초조하게 이것저것 걱정하다 보면 아무것도 할 수 없다. 걱정거리 대부분은 일어나지도 않을 것들이다. 그리고 잊어버린 채 지내다 보면 해결되는 경우도 많다. 용기를 낼 때 비로소 꿈을 실현하기 위한 돌파구가 보인다. 사소한 용기라도 괜찮다. 직접 행동으로 옮겨 꿈을 향해 나아가는 것만이 최선의 해결책이다. 그 용기가 당신을 꿈으로 안내할 것이다.

열정과 노력의 비료를
아낌없이 뿌려라

코로나19 시국은 일상의 모든 것을 뒤바꿨다. 코로나19 확산을 막기 위해 사람들 간의 거리 두기가 시작됐고 학교와 회사에서는 비대면 수업과 근무를 권장하기 시작했다. 또한, 평상시에는 항상 마스크를 착용해야 했다. 코로나19의 유행 확산에 대응하기 위해 정부는 사람들이 모일만한 장소에 제한을 걸기도 했다. 일부 종교시설을 포함해 콘서트, 공공장소 등 심지어 야외활동을 제한하기도 했다. 코로나 시국 이전엔 아무렇지 않게 생각했던 것들이 하나하나 제한됐다. 정말 답답할 노릇이었다.

나는 집에만 있으면 답답해하는 편이었다. 날씨가 좋은 날에는 햇볕을 쬐기 위해 밖으로 자주 나가곤 했다. 산책하든 자전거를 타든 해가 비추는 이유만으로 기분이 좋았기 때문이다. 그러나 코로나 시국에는 아파트 엘리베이터를 타는 것부터 동네산책하는 것조차 조심스러웠다. 언제 어디서 코로나19가 감염될지 두려웠기 때문이다. 그래서 나는 코로나19 시국이 끝나거나 잠잠해지면 활동적인 무언가를 할 거라고 다짐했었다.

2022년 1월, 코로나19가 다시 기승을 부리기 시작했다. 설날을 기점으로 확진자 수가 늘어나더니 3월에는 확진자 수의 정점을 찍었다. 당시 나는 밖에 나가지 않은 채 집에서 유튜브 영상만 하염없이 보고 있었다. 하루는 유튜브에서 대학교 축제 영상을 연이어 본 적이 있었다. 축제 MC를 맡은 유튜버가 싸이의 챔피언을 부르는데 너무 맛깔나게 따라 하는 것이었다. 학생들도 그 MC에 맞춰 미친 듯이 호응해줬다. 대학 축제 무대를 유튜브 영상으로만 보는데도 너무 신났다. 지속적인 흥을 느끼고 싶어서 나는 싸이 콘서트와 싸이가 대학교 축제에서 공연하는 영상을 계속 찾아봤다. 어쩌면 나는 신나는 감정을 찾기보다 코로나19 시국 이전의 상황을 그리워했던 건지도 모른다. 사람들이 함께 모여 활동할 수 있는 때를 생각하면서 말이다.

싸이의 무대 영상에는 공통점이 있었다. 싸이의 열정적인 무대를 통해 관객 모두가 떼창을 하고 싸이의 '뛰어!'라는 한마디에 모든 관객이 하나가 되어 미친 듯이 뛰기도 한다. 무대에 싸이가 있다는 사실만으로 수백 명의 관중이 행복해하기도 한다. 여러 싸이 영상을 보고서 느꼈다. 싸이의 무대에는 가슴 떨리는 감동이 있다는 것을. 그 감동을 직접 느껴보고 싶었다. 다리가 성하기 전에 꼭 한번 싸이 콘서트에 가보자는 꿈이 이때부터 내 마음속에 생겼다.

나는 싸이가 언제 컴백하는 지 혹은 언제 콘서트를 개최하는지 매번 인스타를 통해 모니터링했다. 4월까지도 별다른 소식이 없었던 만큼 '올해도 코로나19로 인해 힘든 건가?' 생각이 들었다. 그런데 5월이 되어 대학 축제가 시작된다는 공지가 올라오기 시작했다. 동시에 대학 축제에 싸이가 온다는 것이었다. 너무 설레였다. 비록 나는 직장인이었지만 퇴근하고 대학교 축제에 가볼까도 생각했었다. 그만큼 싸이 무대를 너무 보고 싶었다.

안타깝게도 대학교 축제엔 갈 수 없었다. 싸이가 초청된 대학교들은 전부 수도권 주변에 위치하거나 지방에 있었다. 퇴근하고 가기엔 너무 멀었고 갔다고 해도 공연 시간 안에 도착한다는 보장도 없었다. 하지만 싸이가 다녀간 무대를 찍은 수많은 영상이 유튜브에 업로드됐다.

하루가 다르게 서로 다른 무대 영상이 올라왔고 매일 그 영상들을 챙겨봤다. 코로나19 제한이 점차 완화되면서 그랬던 걸까? 수많은 사람이 무대 앞에서 떼창을 하고 뛰는 모습이 너무나 감격스러웠다. '드디어 우리도 코로나를 벗어나고 있는 건가?' 하는 희망찬 생각마저 들었다.

한동안은 출퇴근길에 싸이의 대학 축제 무대 영상을 보곤 했다. 그러다 한 달이 지났을 때쯤이었다. 싸이가 흠뻑쇼를 개최한다는 소식을 우연히 인스타에서 보게 됐다. 가슴이 미친 듯이 뛰기 시작했다. 드디어 내가 그토록 가고 싶어 했던 싸이 콘서트가 열린다니 말이다.

나는 지인들에게 싸이 콘서트에 가보는 게 내 버킷리스트라고 얘기하고 다녔다. 그러다 보니 함께 싸이 콘서트에 가자는 지인들이 하나둘 생기기 시작했다. 그렇게 총 다섯 명의 인원이 함께 콘서트에 가기로 약속했다.

싸이 콘서트 티켓 예매는 성공하기 어렵기로 소문났다. 몇백 명 단위가 아니라 몇천 명 단위로 접속자가 몰리기 때문이다. 이번 콘서트 티켓은 전국적인 일정을 하루에 몰아서 예매하기 때문에 더 험난한 예매전쟁이 될 것으로 보였다. 우리는 싸이 콘서트 예매 날 무슨 일이 있어도 예매하자며 각오를 다졌다.

예매 당일이 됐다. 예상치 못하게 나는 야근을 하게 됐다. 8시에 티켓예매가 시작됐는데, 나는 그때까지 업무를 하고 있었다. 예매에 실패할까 봐 초조해졌다. 아니나 다를까 티켓예매시간이 되자마자 예매 사이트 서버가 마비됐다. 나와 함께 콘서트를 가기로 한 지인 중 누구도 첫 시도에 성공하지 못했다. 우리는 계속 예매 사이트에서 새로고침을 누르며 기다렸다. 하지만 계속 접속에 실패했다. 핸드폰으로 시도하고 PC로도 시도했다. 싸이 콘서트 예매는 정말 쉽지 않았다.

그렇게 끊임없이 시도한 끝에 새벽 1시가 넘었다. 그리고 티켓팅에 성공했다. 나는 티켓팅이 실패하면 중고표라도 살 생각이었는데 지인이 티켓팅에 성공한 것이다. 우리는 2022년 이후 열리는 첫 흠뻑쇼에 갈 수 있게 됐다. 내 꿈을 사람들과 공유하면서 드디어 그 꿈을 이루기 위한 첫 단추가 끼워진 것이다.

싸이가 공연했다 하면 기본이 4시간이다. 그 시간 동안 콘서트를 잘 즐기려면 준비된 체력이 필요하다. 싸이의 '올나잇 스탠드 쇼'의 경우는 자정부터 첫차 타기 전까지 관객을 집에 안 보내주기로 유명하다. 다행히 당시 나는 등산 소모임에 가입하고서 여러 번 등산하다 보니 네 시간 정도는 뛸 수 있는 체력이 됐던 것 같다. 그래서 공연 시간이 긴 건 내게 큰 문제가 되지 않았다.

이제는 여한 없이 콘서트를 즐기기 위한 준비만 남았다. 출퇴근길에 싸이가 부를만한 모든 곡을 듣고 따라 하며 외웠다. 싸이의 유튜브 영상 또한 계속 보았다. 그러다 보니 무대에서 싸이가 어떤 멘트를 날리는지 어떤 백댄서와 함께 추는지까지 익혔다. 그만큼 내겐 이 꿈이 소중했었다.

콘서트 당일 우리는 모두 파란색 옷으로 맞춰 입고 갔다. 모두가 파란 옷을 입고 한마음이라도 된 듯 인천 아시아드주경기장을 가득히 매웠다. 콘서트 중간에 계속 물을 맞아야 해서 모자를 착용했고, 짐이 젖는 걸 방지하기 위해 방수팩을 준비해갔다. 콘서트 시작 전 경기장 밖에서 간단히 김밥으로 배를 채고 포토존에서 사진을 찍었다. 입장하면서 주최 측에서 배려차원에서 우비, 물, 비닐 가방을 주었다. 콘서트 도중에 목이 마르면 물을 마시고 물에 맞기 싫다면 우비를 쓰라고 주는 물건이었다.

시간이 되어 콘서트 인트로 영상이 흘러나오고 싸이가 무대 뒤에서 소리쳤다.

"3년 만입니다. 인천! 뛸 준비 됐습니까?"

"진짜 떨립니다. 3, 2, 1 뛰어!"

코로나가 잠잠해지고 콘서트를 처음 시작하는 순간이 오길 싸이도 기다렸던 것이다. 코로나 시국에 답답했던 모든 순간이 내 머리를 스쳐 지나갔다. 이렇게 콘서트를 올 수 있게 된 것이 한없이 기뻤다. 싸이의 멘트와 함께 우리는 미친 듯이 뛰기 시작했다. 시간은 순식간에 지나갔다. 콘서트가 시작한 지 어느덧 4시간 30분이 지났다. 더 늦게까지 공연하면 주변 아파트의 민원이 들어온다며 아쉬움 끝에 콘서트는 막을 내렸다.

꿈이라는 것은 거창한 게 아니다. 자신이 정말 원하고, 하고 싶은 사소한 일까지도 모두 꿈이라 얘기할 수 있다. 싸이 콘서트에 가고 싶은 꿈을 이루기 위해 나는 유튜브 영상을 보며 콘서트장 안에서 뛰고 있는 내 모습을 상상했었다. 수시로 인스타를 모니터링했고 내 꿈을 지인과 공유했다.

그러다 보니 우연히 기회가 생겼고 생각보다 빠르게 꿈을 이룰 수 있었다. 이를 계기로 꿈을 향한 열정과 노력만 있으면 얼마든지 꿈은 이룰 수 있다는 걸 배웠다. 꿈이 있다면 이제라도 자신이 할 수 있는 최고의 열정과 노력을 다해보자. 그러다 보면 원하던 꿈이 빠르게 현실로 다가오는 것을 체험할 수 있을 것이다.

나다운 꿈을 꾸고 살기?
남의 꿈으로 짝퉁 인생을 살기?

어릴 적부터 나는 어른 말을 잘 듣는 학생이었다. 학교에서 몇cm 밑으로 머리를 기르면 안 된다고 하면 이에 순응했고, 수업시간에 졸지 말라고 하면 절대 졸지 않았다. 생활 전반적으로 그러다 보니 꿈을 꾸는데 있어서도 어른 말을 잘 듣게 됐다.

공부만 하느라 나는 대학교에 어떤 학과가 있는지 어떤 직장이 있는지 잘 알지 못했다. 이런 내게 어른들은 말씀하셨다.

"보성아, 살아보니 안정적인 직장을 다니는 것만큼 좋은 게 없더라."

"아무리 대기업에 입사해도 금방 퇴직하게 된다. 차라리 초등교사가 되어 오랫동안 직장 다닐 수 있는 게 낫다."

듣고 보니 어른 말씀이 틀린 것도 아니었다. 나는 무의식적으로 어른들 말씀이 좋은 건가 보다 하며 주입된 꿈을 갖기 시작했다. 그래서 당시 고등학생 때 내 꿈은 초등학교 교사였다. 어느 순간부터 나는 교대 진학을 목표로 공부하기 시작했다. 나다운 꿈이 아닌 남의 꿈을 향해 행동하기 시작한 것이다.

첫 수능을 치르고 교대에 원서를 넣을 성적이 나오지 않았다. 결국 나는 재수를 선택했다. 여전히 내 꿈은 초등교사였다. 그런데 초등교사라는 꿈을 갖고 있었지만 뭔가 담담했다. 본래 꿈을 갖게 되면 설레야 하지 않는가? 하지만 나는 뭔가 형식적인 꿈으로 생활하는 기분이었다.

마치 누군가 내 꿈을 물었을 때 대답해야만 하는 답 같은 느낌이랄까. 가슴 설레는 기분으로 공부한 게 아니었다. 최종적으로 교대 진학의 꿈은 좌절됐고 나는 성적에 맞춰 컴퓨터학과에 입학하게 됐다. 그토록 내가 꿈이라고 여겼던 교대 진학이 좌절됐지만 정작 난 아무렇지 않았다. 교대 진학이 나다운 꿈이 아니었던 만큼 내가 좌절하지 않았던 건 어찌 보면 당연한 일이었다.

제대하고 나는 새로운 갈림길에 서게 됐다. 지금 학과 생활에 충실할 것인지 아니면 다른 학과로 전향할 것인지에 대해서 말이다. 이때 나는 또 어른들의 말을 잘 들었다. 주변에선 내게 이렇게 말했다.

"컴퓨터학과 졸업해서 월급쟁이 되는 것보다 전문직 되는 게 훨씬 좋지. 약대에 합격하기만 하면 지금이랑 완전히 다른 삶을 살게 될 거야."

"약사만 되면 안정적이라 정년도 없고 월급쟁이보다 소득도 더 높아. 약대 편입시험 준비해보는 건 어떠니?"

듣고 보니 전부 맞는 말이었다. 전문직이라는 안정감이 내게 큰 장점으로 다가왔다. 그때부터 나는 약사의 꿈을 갖기 시작했다. 인간의 욕심은 끝이 없고 같은 실수를 반복한다고 했던가. 나는 대학입시를 준비할 때와 같은 실수를 반복하고 있었다.

약대 편입시험을 준비할 때는 나는 약사라는 가짜 꿈을 좇으며 공부했다. 그 꿈이라도 없으면 공부할 명분이 없었기 때문이다. 그게 가짜 꿈이라는 걸 모를 때는 나는 내가 마치 진짜 내 꿈을 좇아 노력하는 행복한 사람이라 착각했었다. 남들은 평범한 월급쟁이가 될 준비를 할 때 나는 뭔가 특별한 준비를 하는 것 같았으니.

그렇게 생각하는 와중에도 나는 뭔가 담담했다. 가슴설레는 느낌이 없었던 것이다. 결국 첫 약대 편입시험에 실패했다. 처음 약대 편입을 준비한 일 년을 돌이켜 보며 나는 내 실력이 부족해서 약대 편입에 실패했다고 생각했다. 하지만 정말 큰 착각이었다.

나다운 꿈을 꾸지 않은 채 시험을 준비하니 동기부여가 되지 않았던 게 가장 컸다. 그러나 당시엔 그 사실을 깨닫지 못했다. 결국 두 번째 약대 편입 또한 실패의 쓴맛을 보았다. 이는 어찌 보면 충분히 예상 가능한 일이었는지도 모른다. 그제야 난 깨달았다. 꿈을 꾸려면 주체적인 꿈을 꿔야 한다는 것을.

약대 편입준비를 하면서 내 꿈은 약사였지만, 최근 공부하시는 많은 분의 꿈 중에는 공무원이 있을 거란 생각이 든다. 남들이 제시한 기준에 맞추려고 달려가다 보니 나는 20대 청춘을 공부만 하며 보냈다. 안타까운 일이 아닐 수 없다. 만약 내가 나다운 꿈을 찾기 위해 나 자신을 파악하려고 노력했더라면, 내 20대를 좀 더 알차게 보내지 않았을까? 하는 생각이 든다.

곰곰이 생각해보라. 처음부터 전문직이나 공무원이 꿈인 사람은 없다.

무턱대고 '좋아 보이는 걸 내 꿈으로 해야겠다'라는 마음을 갖기보다는 나는 무엇을 할 때 행복하고 소질이 있는지를 생각해야 한다. 그렇게 나만의 꿈을 키우다 보면 20대를 공부만 하면서 보내는 걸 막을 수 있을 것이다.

어느덧 나는 사회인이 됐다. 남들처럼 일해서 돈도 벌며 내가 하고 싶은 일을 할 수 있었다. 남들이 들었을 때 알만한 튼튼한 중견 회사에 다닌다는 타이틀도 가지고 있어서 무난한 초년 사회생활을 시작했다. 무난히 사회생활을 하는 줄 알았지만, 실상은 그렇지 못했다.

약대 편입을 거치고 나는 내 꿈에 대해 많이 생각했었는데, 직장을 다니면서 나다운 꿈이 계속 떠올랐다. 나는 내가 맡은 업무로부터 보람을 느끼지 못했다. 그래서 직장을 다니면서 매번 직무 적성에 대해 고민해왔다. 내 가슴을 뛰게 하는 꿈은 회사 안에 있지 않아서였기 때문이었다.

다니고 있는 직장과 별개로 나는 강연을 하고 싶었다. 그래서 유튜브를 시작했다. 누가 시키지 않아도 퇴근 후에 스크립트를 작성하고 영상을 제작해서 유튜브에 업로드했다. 퇴근하고도 의자에 종일 앉아 있다 보니 허리가 종종 아팠다. 그러나 어떻게 하면 내 영상이 사람들에게 도움이 될까에 더 집중하다 보니 아픈 게 전혀 신경 쓰이지 않았다.

내 가슴을 뛰게 하는 일이 이런 건가 느끼면서 하루하루 즐겁게 지냈다. 하지만 회사 사람들이 내 채널을 알아버렸고, 부담감을 느낀 나는 채널을 접을 수밖에 없었다. 그래도 직장생활을 하면서 가슴 뛰는 경험을 할 수 있었다. 한동안 강연에 대한 꿈을 접고 지냈었다. 그러나 계속해서 꿈은 수면 위로 떠올랐다. 지금 내가 이렇게 책을 쓰는 이유도 계속 내 가슴을 뛰는 꿈과 조우해서였다.

여러 성공한 사람의 조언을 통해 나도 꿈을 항상 갖고 살아야겠다고 다짐했다. 꿈이 없는 사람만큼 힘든 사람은 없다 생각해서 사람은 뭐라도 꿈을 가져야 한다고 믿었다. 그렇지만 나에 대해 충분한 생각 없이 지내다 보니, 남들이 좋다고 하는 기준에 날 맡긴 채 살고 있었다.

차라리 꿈이 없으면 모르겠는데 어설픈 꿈을 갖고 있으니 그게 오히려 자기 자신을 망친다는 것을 깨달았다. 꿈을 어설프게 갖는 게 꿈이 없는 것보다 더 무서웠다. 자기가 원하던 삶이 아닌 방향으로 나아가도 누굴 탓할 수 없기 때문이다.

고등학교 때부터 꿈꿔왔던 꿈을 이루게 됐을 때 내가 어떻게 지냈을지 곰곰이 생각해봤다. 만일 내가 초등학교 교사가 됐다면 굉장히 우울했을 것이다. 아이를 좋아하는 편이 아니고 교사의 권위가 심각하게 하락하다 보니 내가 교사가 됐다면 이러한 요인으로 인해 극심한 스트레스를 받았을 거라 생각된다.

만일 내가 약사가 됐다면 꽤 답답했을 것이다. 보통 나는 돌아다니면서 활력을 찾는 편이다. 약사가 되어 약국을 하게 됐다면 좁은 공간에서 종일 생활하는 게 내겐 쉽지 않았을 것 같다.

나 다운 꿈이 아니면 평생 짝퉁 인생을 살게 된다. 자신의 꿈을 찾기 위해서는 힘든 일이 있더라도 반드시 실현하고 싶은 꿈을 찾아야 한다. 가슴 뛰는 꿈을 찾았다면 남들이 시키지 않아도 자신이 알아서 한다. 절대 대충하지도 않는다. 살면서 알게 모르게 그런 열정을 발휘해본 경험이 있을 것이다. 차근차근 생각해보자. 내 가슴을 뛰게 한 무언가는 반드시 있다. 그 무언가가 당신을 당신답게 살아가게 할 강력한 키가 될 것이다.

내 몸값은 스스로
가치 있게 정하기

누구나 큰돈을 벌고 싶어 한다. 힘든 직장생활을 하다 보면, 언제나 경제적 자유를 얻은 이상향이 떠오르게 마련이다. 하지만 남의 회사를 위해 일하는 직장인이 경제적 자유를 이루는 건 쉽지 않은 일이다.

회사가 만든 성공 시스템에는 유리 천장이 있다. 이 말인즉, 소수의 사람만이 회사에 다니면서 경제적 자유를 이룰 수 있다는 뜻이다. 괜히 직장인들이 주식, 코인, 부동산으로 일확천금을 노리는 게 아니다.

나는 첫 회사에서 하루 평균 10만 원을 버는 사람이었다. 매달 월급을 받으면 난 그 일부를 저축했고, 목돈을 만들기 위해 절약하고 또 절약했다. 그러다 문득 '1억 원을 모으려면 어떻게 해야 하지?'라는 생각이 들었다.

계산해 보니 한 달에 200만 원씩 저축하면 4년 후 1억 원에 가까운 돈을 모을 수 있었다. 그러나 매달 200만 원을 저축 못 할 때도 있고 때로는 큰돈 나갈 일이 생기기도 한다. 즉, 불특정한 상황으로 인해 제때 1억을 모으지 못하게 되는 것이다. 그런 현실에 '내가 과연 부자가 될 수 있을까?'라는 회의가 들었다.

나는 내 연봉에 만족한다고 여겼지만, 현실은 만족스럽지 못했다. 내가 만약 승진해서 연봉이 1,000만 원 오른다고 해보자. 그래 봤자 하루 일당이 10만 원에서 고작 12만 원으로 오른 직장인이 될 뿐이다. 그마저도 직장인들은 평균 3년에서 5년 정도 걸려야 승진할 수 있다. '하루 일당 2만원을 더 벌기 위해 3년에서 5년을 버티는 건 너무 비효율적이지 않은가?' 하는 생각이 절로 들었다.

보통 직장인들이 이직할 때 현재 연봉의 20% 이상 높여 가면 성공적이라 얘기하곤 한다. 하지만 이 수치도 자세히 들여다보면 성공적이지 못하다. 예를 들어, 5,000만 원의 연봉을 버는 직장인이 그만큼 연봉을 높여 이직했을 때, 하루 일당은 2~3만 원밖에 상승하지 않는다.

그러면 이 직장인이 기존 연봉의 30%를 올려받고 이직한다고 해보자. 과연 우리가 더 드라마틱한 변화를 기대할 수 있을까? 아니다. 고작 하루 일당 5만 원이 상승할 뿐이다. 게다가 연봉이 올라가면 그만큼 근무 강도 또한 세진다. 그러다 보면 자기계발 시간이 없어지고, 경제적 자유에서 점차 멀어지게 된다. 하지만 소름 돋게도 많은 사람이 이를 잘 인지하지 못한다.

근래 나는 자주 이런 생각이 들었다. '고정된 수입만 받는 월급쟁이로 살면, 정작 하고 싶은 일은 할 수 없겠다'라는 것이다. 물론 아끼고 저축한 돈을 적절히 투자하면 기회는 있겠지만, 경제적 자유를 이룰 것이라 장담할 순 없다. 이 시점에 나는 '내가 하고 싶은 일을 하면서 돈도 벌고, 남도 도울 수 있는 직업으론 뭐가 있을까?' 고민하게 됐다. 그 답은 남에게 선한 영향력을 끼치는 '메신저'였다.

메신저란 간단히 말해 다른 사람들에게 조언과 지식을 제공하고 대가를 받는 사람이다. 평범한 사람들도 메신저가 되어 자신의 성공 경험, 연구 결과 또는 인생 이야기를 바탕으로 다른 사람들에게 적절한 조언을 할 수 있다. 누구나 원하는 거의 모든 주제에 관해 영향력 있는 메신저가 될 수 있는다.

많은 사람은 앞으로 어떻게 살아갈지에 대한 적절한 조언과 성공 전략, 구체적인 실천 지침과 관련 정보를 절실하게 구하고 있다. 하지만 우리는 보통 자신의 경험을 과소평가하고 거기에 숨겨진 뜻을 고민하거나 나누려 하지 않는 경향이 있다. 다른 사람의 경험에서는 쉽게 의미를 찾아내면서 말이다. 내가 살아온 이야기, 알고 있는 지식, 전달하고자 하는 메시지는 생각보다 훨씬 더 가치 있다. 사람들은 내 경험을 통해 간접 체험과 교훈을 얻을 수 있다. 그런 의미에서 나도 내 지식과 경험을 이용해 다른 사람들이 성공하도록 돕고 싶었다.

나처럼 평범한 일반인이 메신저가 되기 위해서는 책 쓰는 것밖에 방법이 없었다. 메신저가 되기 위해 나는 〈한책협〉을 찾았다. 〈한책협〉에는 교수, 교사, 공무원, 의사, 가정주부, 직장 등 수 많은 사람이 작가가 되어 메신저의 삶을 살아가고 있었다.

평범한 사람이 메신저로 성공한 사례가 무수히 많았다. 나라고 못할 게 없었다. 현재는 훌륭한 김태광 대표코치님의 지도하에 많은 의식성장을 경험하며 다양한 미래를 그려가고 있다. 책을 쓰고 작가가 되면 나는 월 1,000만 원 버는 메신저를 목표로 세우고 거기에 걸맞게 상상하고 행동할 것이다. 꾸준히 의식 개선에 힘쓰고 차차 목표를 이루기 위해 노력할 것이다.

메신저로서 내가 가치 있는 사람이라고 믿는 만큼 회사원이었을 때 받는 월급의 최소 3배 이상 받아야 한다고 생각하기 때문이다. 그다음 목표는 첫 번째 기준금액의 2배다. 그러기 위해서는 월 2,000만 원 버는 메신저가 돼야 한다. 성공은 꿈꾸는 자의 것이다. 사람은 자기가 소망하는 대로 된다. 오늘도 나는 남들이 부러워할 만한 성공에 가까워지는 꿈을 꾸며 상상한다.

나는 월 2,000만 원 버는 메신저에 만족하지 않을 것이다. 더 많은 사람에게 가치를 나눠주며 성장하는 사람이 되고 싶다. 그 수단으로 유튜브 채널을 이용할 계획이다. 많은 사람이 내 유튜브 채널을 보게 하려면 마케팅, 콘텐츠 모두 중요한 요소다.

그러나 마케팅, 콘텐츠가 다 좋아도 그 범위가 대한민국으로 한정되어 있다면 채널은 더는 성장할 수 없으리라. 세계의 다양한 사람들에게 통하는 가치를 전달해야 더 큰 채널로 성장할 수 있다고 본다. 나는 글로벌한 상상을 통해 100만 구독자가 넘는 유튜브 채널을 만들어내야 한다.

스페인 여행 중에 만난 오르페우스라는 그리스 친구에게 내 유튜브 채널을 알려준 적이 있다. 한국말로 메시지를 전달하는 내 영상을 보더니 오르페우스는 무슨 말을 하는지 잘 모르겠다며 내게 꼭 영어 자막을 넣어달라고 부탁했었다. 그 말을 난 아직도 마음속에 간직하고 있다. 글로벌한 유튜브 채널을 만들어 오르페우스도 내 영상을 보고 '좋아요'를 누를 수 있는 날이 오게 할 것이다.

김미경 강사는 시간당 300~400만 원의 강의료를 받는다고 한다. 사실 나는 김미경 같은 강사라면 시간당 500만 원은 넘게 버는 줄 알았다. 정말 유명하다고 생각했던 강사가 시간당 300만 원 정도 번다고? 그러면 시간당 1,000만 원 버는 메신저가 되려 하는 나는 어떤 사람이 돼야 할까?

시간당 1,000만 원을 버는 메신저가 되려면, 많은 사람이 공감할 만한 가치를 전달해야 할 것이다. 전문적이거나 특정 분야에 치우친 얘기만 한다면 많은 사람의 공감을 끌어내지 못할 것이다. 오히려 평범하고 소소한 일상 이야기에 특별한 가치를 더한다면, 더욱 많은 사람의 공감을 끌어내리라 믿는다. 그래서 나는 내가 살아온 이야기, 알고 있는 지식, 전달하고자 하는 메시지는 생각보다 훨씬 더 가치 있다고 믿는다. 그리고 그것을 토대로 다른 사람에게 많은 울림을 주고 싶다.

내 몸값은 세상이 아니라 내가 정한다. 내가 생각한 만큼 내 값어치가 매겨진다. 나는 평범하지만 강력한 가치를 지닌 메신저로 거듭나고 싶다. 성공적인 메신저가 되려면 최대한 많은 사람을 도울 수 있도록 자기 자신과 자신이 아는 바를 포지셔닝하고 상품화하면 된다. 누구나 원하는 거의 모든 주제에 관해 매우 영향력 있는 메신저가 될 수 있고, 이를 통해 높은 수익을 올릴 수 있다. 평범함을 비범함으로 끌어 올린다면 시간당 1,000만 원 버는 메신저가 되는 것도 가능할 거란 생각이 드는 요즘이다.

우리가 돈이 없지,
꿈이 없나?

많은 사람에게 나는 울림을 주는 사람이 되고 싶었다. 어떻게 울림을 줄 수 있는지는 잘 몰랐다. 그 형태가 어떻게 되든 상관없었다. 무대에 서든, 개인적으로 대화를 나누든, 유튜브를 해서든.

사회생활을 시작하면서 하나둘 주변 지인들이 결혼하기 시작했다. 결혼식에 가면 나는 축가 부르는 사람이 너무 멋있어 보였다. 매번 축가 부르는 사람을 보면서 축가는 신랑 신부에게 울림을 주는 행위라 생각했다. 그래서였을까? 어느 순간부터 나도 한번 축가를 불러주고 싶다는 생각을 하게 됐다.

성당에서 나는 성가대 활동을 8년 동안 했다. 그러다 보니 성당의 여러 청년과 두루 친해질 수 있었다. 한번은 청년들끼리 회식 후에 노래방을 간 적이 있었다. 노래방에서 다른 단체에 있던 한 누나가 우연히 내가 노래하는 걸 듣더니 내게 축가 불러줄 것을 제안했다. 당시엔 그 누나와 나는 친하지 않은 사이였는데도 누나는 내 음색이 마음에 들어서 선뜻 축가를 부탁했다고 했다. 너무나 기쁜 마음에 누나의 제안을 수락했다. 한 번쯤 꼭 해보고 싶었던 축가여서 더욱 기뻤다. 그렇게 내게 생애 첫 축가를 부를 기회가 생겼다.

축가는 나와 성악 전공한 누나와 함께 듀엣으로 부르게 됐다. 결혼식 전까지 매주 성당 연습실에서 축가 연습을 했다. 전공자와 함께 연습하다 보니 발성부터 노래하면서 내가 생각하지 못한 부분을 점검받으며 연습할 수 있었다. 출퇴근 길에도 나는 계속 축가를 들으며 맹연습했다. 그 결과 결혼식 당일에 축가 부르면서 아무 실수 없이 잘 부를 수 있었다. 잊을 수 없는 첫 축가 무대였다.

훗날 나는 축가 부른 경험을 바탕으로 친한 친구의 결혼식, 성당 지인의 결혼식에서도 여러 번 축가를 부르곤 했다. 너무 감사한 순간들이었다. 지금은 여러 번 축가를 부르다 보니 그 무대가 어색하지 않을 정도가 됐다.

사람에게 울림을 주고 싶은 생각이 없었다면, 지금까지 나는 결혼식에서 축가를 부르는 대신 구경만 하고 있었을 것이다. 처음엔 어떻게 사람들에게 울림을 줄지 구체적인 생각이 없었다. 그러나 돌이켜 생각해 보면 결혼식에서 누군가에게 울림을 준다는 것은 진심을 다해 노래 불러 상대방에게 감동을 선사하는 게 아니었을까 싶다.

그런 생각을 하다 보니 기회가 왔고, 그 기회는 또 축가를 부를 다른 기회를 낳았다. 축가를 부르고 싶다는 꿈은 누가 가르쳐준 게 아니었다. 나 스스로 만들어내고 창조해낸 결과였다. 그래서 나는 축가를 부를 때마다 늘 생각했었다. 언제나 사람은 꿈을 갖고 살아야 한다고.

사람마다 자신의 꿈을 발견하는 방법은 각양각색이다. 어떤 사람은 일하는 가운데 발견하기도 하고, 또 다른 사람은 책이나 다른 사람의 경험담을 통해 간접적으로 깨닫기도 한다. 약대 편입의 꿈을 접고 나는 한동안 나다운 꿈이 무엇인지 고민했었다. 분명 사람마다 자신만의 꿈이 있을텐데 나는 과연 어떤 꿈과 어울릴지 생각하면서 말이다. 여러 서적을 참고하면서 꿈 또는 재능을 찾는 방법을 찾았다. 노트에 이 방법을 적고 내 과거를 돌이켜봤다. 그랬더니 생각보다 빠르게 내 꿈과 흥미를 찾을 수 있었다. 그 방법을 몇 가지 소개하려고 한다.

첫 번째, 자신의 마음에 끌리는 일이 무엇인지 생각해본다. 누구나 그렇겠지만 어떤 일들은 특별한 이유도 없이 그냥 싫다. 반대로 어떤 일은 묘하게도 더 마음을 잡아당긴다. 예를 들어 당신에게 코딩이 지겹지 않고 즐겁다면, 아마도 당신은 코딩에 재능이 있는 것이다. 좀 더 자신의 마음에 끌리는 일, 하고 싶은 일이 무엇인지 생각해보는 게 중요하다.

두 번째, 같은 일을 해도 남들보다 쉽게 이뤄냈던 일을 생각해본다. 당신이 시도했던 여러 가지 일 중에, 남들보다 유난히 학습 속도가 빠른 게 있을 터이다. 같은 일을 해도 '저 정도는 내가 더 잘하겠는데?'라는 생각이 들 때가 있단 말이다. 그렇다면 그 일에 우선으로 관심을 기울여보라. 분명 그 일은 당신의 재능과 관련이 있음을 깨달을 것이다.

세 번째, 시간 가는 줄 모르고 몰두했던 일을 생각해본다. "잠시 이 일을 했던 것 같은데, 벌써 시간이 이렇게나 됐단 말이야?" 당신에게도 틀림없이 이런 생각이 든 적이 있을 것이다. 만사를 대충대충 하는 사람도, 어느 특별한 대상에 관해서 만큼은 욕심을 부리고 그 일을 더 잘하기 위해 고민했을 것이다. 그렇다면 바로 그 일이야말로 당신이 관심을 기울여야 할 일일 것이다.

약대 편입에 실패한 후 나는 다시 학교로 복학해 꿈을 찾기 시작했다. 코딩수업은 아무리 들어도 마음에 끌리지 않았다. 하지만 교양수업 중 발표하면서 남들과 비교했을 때 '내가 이것보다는 잘할 수 있겠네'라는 생각이 들었다.

직장을 다니면서 유튜브 채널을 만들었다. 유튜브 채널을 운영할 때는 '어떤 콘텐츠를 찍을까?' 하며 즐거운 상상을 하곤 했다. 출근 시간보다 퇴근 시간이 더 기다려졌다. 퇴근 후 영상편집을 하면서 시간 가는 줄 몰랐다. 어느 날은 너무 영상편집에 집중한 나머지 허리까지 아팠을 정도였다. 그렇게 나는 내 꿈을 구체화 시킬 수 있었고, 강연가라는 새로운 꿈을 꾸게 됐다.

대부분의 사람은 일신의 안위를 위해 산다. 사실 세상 곳곳에는 자기 혼자 잘 먹고 잘 살면 된다는 이기주의가 팽배해 있다. 그런데 희한하게도 일신의 안위를 위해 살수록 행복은커녕 더욱 불행해진다는 것이다.

반면에, 타인을 위해 작은 도움의 손길을 내미는 사람들치고 자신이 불행하다고 여기는 사람은 거의 없다. 이타심을 가진 사람들은 작고 사소한 것에서 기쁨을 느낄 줄 알기 때문이다. 그뿐만 아니라 이들은 자신이 많은 것을 가지지 않아도 현재 가진 것에 만족할 줄 안다. 이처럼 작고 사소한 것에 기쁨을 느끼고 가진 것에 만족하는 사람에게 있어 불행은 먼 나라의 종소리와 같다.

이타적인 꿈을 꾸다 보면 부와 풍요 또한 저절로 따라오게 돼있다. 혼다켄의 《부자가 되려면 부자에게 점심을 사라》는 책에서 백만장자들이 중요하게 여기는 것은 '자신이 베푸는 것'이라고 한다.

그들이 직업과 비즈니스를 선택할 때 '자신의 능력과 재능을 활용할 수 있는가?', '자신이 매우 좋아하는 일인가?'를 중시하는 것도 남에게 베푸는 것이 중요하다 생각하기 때문이라고 한다. 나는 이 사회에 '베푸는 만큼 되돌아온다'는 법칙이 있다고 생각한다. 자신이 가진 것을 남에게 베풀어 나눠 갖겠다는 생각을 가진 사람에게는 나눈 만큼 되돌아온다. 그러나 남으로부터 얻어야겠다 생각하는 사람에게는 아무것도 돌아가지 않는다.

직장생활을 하다 내가 유튜브를 시작했던 이유도 타인에게 도움이 됐으면 하는 바람으로부터 비롯됐다. 약대 편입준비를 하면서 내가 살아온 이야기, 알고 있는 지식과 전달하려는 메시지는 생각보다 훨씬 가치 있을 거로 생각했다. 그리고 그것을 토대로 나와 비슷한 처지에 놓인 사람들을 도울 수 있을 거라 믿었다. 세상에는 나보다 더 힘든 사람이 있을 거로 생각했기 때문이다.

사실 내겐 돈이 궁극적인 목표였던 적이 없다. 언제나 다른 사람들을 도와주고 싶은 마음이 돈보다 위였다. 유튜브 채널을 개설한 것도 그런 이유에서였다. 그러다 보니 많은 홍보 없이 영상 업로드만으로 구독자 900명을 모을 수 있었다고 생각한다. 이를 통해 나는 내가 누군가에게 희망이 되어 줄 수 있다는 것을 깨달았다. 그래서 지금은 더 많은 사람에게 선한 영향력을 끼치기 위해 책을 쓰며 미래를 준비하고 있다.

돈 없이는 살아도 꿈 없이는 못산다. 꿈이 없어서 무슨 꿈을 가져야 할지 막막한가? 그렇다면 타인에게 도움이 되는 일로부터 꿈을 찾아봐라. 즉, 보람을 느끼면서 행복과 이어지는 꿈을 꾸라는 뜻이다. 타인에게 유익하지 않은 꿈은 무의미할 뿐 아니라 실현되지도 않는다. 설사 실현된다 하더라도 언제 안개처럼 사라질지 모른다.

　오로지 나만을 위한 꿈보다 타인을 위해 작은 손길을 내밀어 보라. 세상에는 나보다 더 힘든 사람이 많다. 그들에게 자신의 것을 베풀 때 더 큰 행복을 느낄 수 있다. 이제부터라도 타인에게 유익한 꿈을 꿔보는 건 어떨까?

쪼들림은 꿈을 이룰 재료를
풍족하게 한다

초등학교 저학년 때 '미니카'가 유행했던 시절이 있었다. 큰 문방구 앞에는 미니카 트랙이 있었고 여러 학생이 자신의 미니카를 가져와서 잘 나가는지 시험해보곤 했다. 나 역시 내 미니카를 가지고 때때로 문방구에 가서 굴려보곤 했다. 하지만 문방구가 집에서 멀어 자주 가진 못했다. 그런 만큼 어린 마음에 아쉬워한 적이 한두 번이 아니었다.

하루는 방 안에서 혼자 있으면서 내 방안에 미니카 트랙을 만들어내는 상상을 했다. 그러면 굳이 내가 멀리 있는 문방구에 가지 않아도 됐었다. 당시 집에 A4 이면지가 많았는데 이를 가지고 나는 트랙을 만들기 시작했다. 종이로 만든 터라 바닥이 울퉁불퉁했고 트랙의 높이는 삐뚤빼뚤했다. 하지만 포기하지 않고 테이프를 붙여가며 열심히 만들었다. 장정 3시간에 걸쳐 나는 결국 종이 트랙을 완성시켰다.

완성된 종이 트랙은 반쪽짜리 완성품이었다. 미니카를 트랙에 올려놨을 때 울퉁불퉁한 벽면에 부딪히기 일쑤였다. 한번 벽에 부딪힌 미니카는 잘 나가지도 않았다. 하지만 당시 나는 내 방안에서 미니카를 굴릴 수 있다는 사실만으로 굉장히 행복했었다. 현실 물정에 대해 아무것도 모르는 학생 시절, 상상력만큼은 그 누구보다 풍부했었다. 비록 볼품없는 완성품을 만들었어도 이런 내 상상력이 없었다면 종이 트랙은 세상에 나올 수 없었을 것이다.

대학 생활은 자신이 누구인지, 앞으로 무엇을 위해 살 것인지 자유롭게 탐색하고 자신을 알아갈 수 있는 중요한 시간이다. 누구나 대학 시절만큼 자유분방하고 시간이 많은 때가 없었다는 사실을 인정할 것이다. 그 시간을 이용해 자신의 꿈 자기 자신이 누군지를 알아갔으면 하는 후회도 한 번쯤 해봤으리라. 그러지 않고 단순히 학과 생활로 만족한 채 학교에 다닌다면 미래에 분명 방황하게 된다. 뒤늦게 나다운 꿈을 찾거나 자신이 누군지 알아가는 시간을 보내면서 말이다.

대학생 시절이 지났다고 늦었다 생각하는가? 아직 아니다. 돌이켜보라. 항상 돌이켜보면 매 순간은 미래에 자신이 부러워할 순간들이다. 아직 청춘이라면 수많은 선택의 기회가 주어진다. 때론 신중하게 생각해보지 않은 채 원하는 것을 성취하기 위해 무작정 뛰어드는 사람들이 많다. 그 결과 무참하게 깨지게 된다. 실패를 반복하면서 세상은 자신이 생각하는 것처럼 호락호락하지 않다는 것을 깨닫게 된다. 물론 시행착오는 부정적인 면만 가지고 있지는 않다. 시행착오를 통해 인생이 주는 소중한 깨달음을 얻을 수 있기 때문이다.

많은 사람은 자신이 무엇을 좋아하는지 잘 알지 못한다. 여러 경험을 해봐도 때론 그 사실을 모를 때가 많다. 그래서 우리는 최대한 더 많은 경험을 해봐야 한다. 가만히 있으면 아무것도 얻을 수 없다는 사실을 알아야 한다. 현재 본인이 청춘이라고 생각하시는 분이라면 무엇이든 경험하고 행동해야 한다. 도전했을 때 무엇이 자신에게 맞고 아닌지 알아내는 것만으로 큰 수확이다. 도전하다 실패해도 괜찮다. 얼마든 다시 일어날 수 있고 또 도전할 수 있기 때문이다. 청춘은 가난하지만 꿈을 이룰 수 있는 재료가 풍부한 시절이다.

'끌어당김의 법칙'을 아는가? 여러분의 삶 속의 모든 것들과 주위 사람들 삶 속의 모든 것들은 전부 이 법칙의 영향을 받고 있다. '끌어당김의 법칙'은 자신이 어떤 생각을 함에 따라 실제로 그 생각의 결과들이 삶 속으로 끌어당겨지는 법칙을 말한다. 그 어떤 것도 여러분 삶 속에 우연히 나타나지 않는다. 자신 외에는 그 누구도 자신에게 어떤 것이 끌려오도록 만들 수 있는 힘이 없기 때문이다.

스스로 성장할 수 없는 존재라고 느끼면 더는 성장한 자신의 모습을 끌어올 수 없다. 자신이 가난하다고 느끼고 있다면, 풍요로움을 끌어올 수가 없다. 이처럼 매 순간 자신이 생각하고 있고 또 느끼고 있는 것들을 자신에게 끌어오고 있다고 생각하면 된다. 어떤 대상에 주의가 가거나 어떤 생각을 지속적으로 하게 되면 '끌어당김의 법칙'이 그에 반응함으로써 그에 상응하는 사람들과 요소들과 환경을 현실로 나타나게 해준다. 실제로 나는 이러한 경험을 많이 했었다.

코로나19가 유행했을 때, 싸이 콘서트를 가고 싶어서 유튜브를 보며 콘서트장 안에 있는 나를 상상했었다. 싸이 콘서트에서 뛰고 있는 나를 끌어당긴 셈이다. 그러다 보니 인스타그램에서 싸이의 대학 축제 일정, 첫 흠뻑쇼 티켓팅 일정을 자연스럽게 알게 됐다. 원래 인스타그램을 잘하지 않았는데 말이다.

또한, 주변에 함께 싸이의 콘서트를 가려고 하는 지인들을 불러들이게 됐고, 마침 같이 티켓팅을 하게 됐다. 결국, 그토록 어렵다는 싸이콘서트 티켓팅을 성공해 스탠딩에서 콘서트를 관람할 수 있었다.

가난한 상황이라고 하면 경제적으로 가난한 것도 있겠지만, 마음이 가난한 상태도 포함이다. 첫 회사를 퇴사하고 이직 준비를 하고 있을 때 내 마음은 무척이나 가난했다. 생각보다 취업은 쉽지 않았고, 백수생활은 길어져만 갔다. 초초해지고 '영영 취직을 못 하면 어쩌나?' 하는 생각마저 들기 시작했다. 그럼에도 나는 가고 싶은 직장에 대해 구체적으로 상상했다. 심지어 노트에 적어서 꼭 그런 곳에 가겠다고 마음먹었다.

'연봉은 기존보다 많이 받고, 서울에서 출퇴근하며, 워라밸이 좋아진다'라는 세 가지 조건이었다. 나는 이를 지속적으로 끌어당기고 있었던 셈이다. 80군데가 넘는 회사에 지원했고, 서울에 있는 회사 면접을 보러 다녔다. 당연히 많은 시행착오와 우여곡절이 있었지만 결국 내가 끌어당긴 대로 다 이뤄졌다. 너무나 신기하고 놀라운 나머지 아직도 나는 내가 취직 전에 적어 놓은 끌어당긴 내용의 메모를 가지고 있다.

현재 우리가 살아가고 있는 시기는 기술적으로 많은 진보를 이뤄온 때다. 온갖 정보들로 인해 끊임없이 생각의 자극을 받을 수 있다. 그러다 보니 어떤 것에 더 많은 주의와 관심을 기울이는 것에 의해서 창조되는 속도를 더 빠르게 할 수도 있다. '끌어당김의 법칙'은 우리가 인식하든 인식하지 않든 언제나 작동하고 있다. 우리에게 잘 알려진 스티브 잡스, 나폴레옹 역시 끌어당김의 법칙을 잘 이해한 인물이라고 할 수 있다.

애플의 CEO 스티브 잡스는 엄청난 몽상가였다. 그는 세계 최초의 개인용 컴퓨터 '애플', 최초의 3D 디지털 애니메이션 '토이스토리', MP3 플레이어 '아이팟', 스마트폰 '아이폰', 태블릿 PC '아이패드' 등 세상에서 가장 창의적인 제품들을 연속으로 내놓고 있는 최고의 CEO로 꼽혔다.

남들이 제품의 질을 중시할 때 디자인까지 신경을 쓰며 제품의 디테일한 부분까지 일일이 챙겼다. 그는 남들과 똑같아서 절대로 최고가 될 수 없다고 믿었기 때문이다. 이 모든 것은 그의 상상력에서 비롯됐다. 애플에 대한 그의 열정과 관심이 여러 제품을 창조하는 속도를 빠르게 할 수 있었다. 그리고 그가 해오던 생각들이 실제로 현실에 나타난 것이다.

'천재적인 군사전술가' 나폴레옹 역시 "인간은 상상력에 의해 지배를 받는다"라고 말했다. 지금 우리가 사용하고 있는 모든 문명의 이기는 상상력에서 나왔다. 과거에 우리가 상상만 해오던 것들이 현재 나타나 있다. 편안한 휴식을 주는 집, 빠르게 먼 곳으로 이동할 수 있는 비행기, 자동차, 고속철도…. 이 모든 것들은 지식을 기초로 하고 상상력이 덧붙여져서 이뤄졌다.

세상은 현실주의자가 아닌 꿈을 꾸는 사람, 즉 상상력이 풍부한 사람들이 지배한다. 그들은 틀에 박힌 사고가 아니라 자유분방한 사고로 사물을 관찰하고 해석하고 예측한다. 그러다 보니 당연히 사고의 깊이와 폭이 확장되는 것이다.

가난한 현실보다 더 위험한 것은 상상력 없이 살아가는 일상이라고 생각한다. 자신은 뭘 해야 할지 모르겠다며 아무렇게 살 거라는 근거 없는 생각이 인생을 좀 먹는다. 그러다 보면 막연한 현실로 인해 마음은 움츠러들고 서서히 현실에 안주하게 된다. 원하는 인생 2막을 원한다면 지금부터 상상하고 준비해야 한다. 가난한 사람일수록 꿈을 이룰 수 있는 재료는 풍족하다. 비록 자신이 가난하거나 절망에 빠져있다고 하더라도 상상력을 통해 원하는 현실을 창조할 수 있고 풍요로워질 수 있다.

생생하게 꿈꾸는 능력만 있으면 또는 끌어당기는 힘만 있으면 얼마든지 지금보다 나아진 삶을 누릴 수 있다. 무언가를 생생하게 꿈꿀 수 있다는 것은 그것을 간절하게 바란다는 뜻이다. 지금 당장 자신이 바라는 것을 생생하게 상상하라. 그리고 그것을 성취하기 위해 전부를 걸어보라. 상상의 꿈을 현실로 불러내는 순간 그 꿈은 당신의 소유가 된다. 그리고 머지않아 그 꿈은 반드시 실현될 것이다.

서른, 이젠 나답게 살아볼게요

제1판 1쇄 2023년 8월 15일

지은이   소보성
펴낸이   한성주
펴낸곳   ㈜두드림미디어
책임편집 이수미
디자인   얼앤똘비악(earl_tolbiac@naver.com)

㈜두드림미디어
등록   2015년 3월 25일(제2022-000009호)
주소   서울시 강서구 공항대로 219, 620호, 621호
전화   02)333-3577
팩스   02)6455-3477
이메일   dodreamedia@naver.com(원고 투고 및 출판 관련 문의)
카페   https://cafe.naver.com/dodreamedia

ISBN   979-11-93210-11-6 (03190)